学校事務職員の
実務マニュアル
ヤナギサワの仕事術

栁澤　靖明　著
栁澤　清香

明治図書

はじめに

本書の目的は、学校事務職員であるヤナギサワの仕事術を提供することにあります。タイトルこそ『学校事務職員の実務マニュアル』ですが、一般的な実務の方法を解説していくマニュアル本ではなく、いわば「術」の伝授が目的になります。このようなコンセプト＆サブタイトル「ヤナギサワの仕事術」——ここまで掲げれば、シンパ＆アンチも含めてヤナギサワに興味がないひとは購入していないだろうことを想定して執筆しました。

さて、本シリーズには「校長」や「教頭」「養護教諭」「司書教諭」「指導主事」の仕事術もあり、すべてのサブタイトルに著者の名前が冠としてつけられています。多くの本は、著者として記された個人や団体がその主張をまとめ、発信するためにつくられています。そのため、当然そのひとの〈色〉が表現された内容になります。それにもかかわらず、本書はサブタイトルにまで著者名が記されています。この意図を解釈するなら、〈より個人の色を出せ〉という編集部からの指令でしょう。

——長々とした言い訳は、伝わりましたか？　こういったコンセプトでつくられた本であります。読者のみなさまと大きく違う仕事術かもしれませんし、反論もあるでしょう。批評していただけるのはありがたいことですが、ぜひコンセプトを理解したうえでよろしくお願いいたします。

また、本来なら単著仕様の本を共著とさせていただきました（苗字が同じだからという特別な理由）。ポジティブに考えれば、1冊でふたり分のヤナギサワがたのしめる仕様となっています。靖明の仕事術は、法令や政策など根拠や背景を理解することから始め、そのうえで効率化だけではなく協働も重視しています。清香の仕事術は、教育活動を磁場に捉えた学校事務実践が基本となり、その展開は管理職も顔負けします。

とにもかくにも、お手に取っていただきありがとうございます。ヤナギサワの世界に浸っていただけたら幸いです。

栁澤 靖明

CONTENTS

第4章　財務領域の仕事術

第5章　教育環境周辺の仕事術

第1節 学校経営とのかかわり

第2節 事務室環境の整備

第3節　人間関係づくり

第 1 章

学校事務職員の仕事とは？

第1節 教育法令と政策から役割を考える

01 日本国憲法と事務職員

日本の最高法規が日本国憲法です。
その日本国憲法から
学校事務職員の役割と責任（使命）を抽出してみましょう。

✒ なぜ日本国憲法から始めるのか

　学校事務職員（以下、事務職員）の身分は、公務員です。日本国憲法（以下、憲法）には、公務員のことが書かれています。たとえば、第15条第2項には「すべて公務員は、全体の奉仕者であつて、一部の奉仕者ではない」という条文が置かれています。事務職員も当然「一部の奉仕者」ではなく「全体の奉仕者」としての働きかたが求められます。もうひとつ、第99条「天皇又は摂政及び国務大臣、国会議員、裁判官その他の公務員は、この憲法を尊重し擁護する義務を負ふ」も大切です。この条文は「その他の公務員」に含まれる事務職員も「憲法を尊重し擁護する義務」[1]があるとしています。

　最初のページから少々難しい話になっていますが、ここでは本書のベースとして「全体の奉仕者」という働きかた、そしてもっとも高位な指針として憲法があります——ということがいいたいだけです。

　このように考えれば、事務職員の役割と責任を憲法から抽出することも必然であることがわかると思います。具体的に確認してみましょう。

---

[1]　そのため、着任と同時にこれを宣誓します（地方公務員法第31条）。

日本国憲法第26条

　憲法で「教育」を中心的に定めている条文は、第26条です。条文を確認してみましょう。

> すべて国民は、法律の定めるところにより、その能力に応じて、ひとしく教育を受ける権利を有する。──第１項
> すべて国民は、法律の定めるところにより、その保護する子女に普通教育を受けさせる義務を負ふ。義務教育は、これを無償とする。──第２項

　この条文から事務職員の役割と責任（使命）を抽出してみます（柳澤2022）。まず、「ひとしく教育を受ける」権利とは、教育の機会均等を保障することとも捉えられ、「能力に応じ」た「教育を受ける」機会が差別なく平等に保障される必要があります。たとえば、「経済的」な理由により、教育の機会均等が危ぶまれそうな家庭を発見し、援助することがあります（具体的には、就学支援制度の活用や改善、周知など）。

　次に、すべての保護者が「教育を受けさせる義務」を履行するためには、その条件を整備することも必要です。義務教育を「無償」としている理由もそのひとつであり、前述した就学を金銭的に支援すること、同時に「無償」へ近づける取組が必要です。たとえば、「保護者が負担する費用の軽減」を目的とした学校財務マネジメントがあります。

　もちろん、事務職員はこのふたつの使命だけを果たせばよいわけではありません。本書を通して確認していきましょう。

【参考引用文献等】

●柳澤靖明（2022）「公教育における学校事務職員の位置」柳澤靖明 編著『学校事務職員の基礎知識』（学事出版）pp.24-29

第1節 教育法令と政策から役割を考える

02 学校教育法と事務職員

学校教育の制度、
その根幹を定めている法律が学校教育法です。
学校教育法における事務職員を確認してみましょう。

学校教育法という法律

　1947（昭和22）年４月１日に学校教育法は施行されました。その前日には、教育基本法（旧）が施行され、翌月の５月３日に日本国憲法が施行されています。学校教育法は、「従来、学校の種類ごとに個別に定められていた諸学校令を統合して単一の法律」としたもので、「その特色は、教育の機会均等の実現を基本に、学制の単純化、義務教育年限の延長等を図ること」とされています（鈴木　編著2016：6）。

　学校教育法第１条には、本法でいう「学校」が定義され、本書のおもな射程である小学校と中学校もその範囲にあります。事務職員の仕事にかかわる条文も多く置かれています。また、学校教育法には、政令[2]である学校教育法施行令や省令[3]として学校教育法施行規則が付随しています。

2　日本国憲法第73条第６号「この憲法及び法律の規定を実施するために、政令を制定する」に基づき、内閣が制定する命令のこと。
3　国家行政組織法第12条第１項「法律若しくは政令を施行するため、又は法律若しくは政令の特別の委任に基づいて、それぞれその機関の命令として省令を発する」に基づき、各省の大臣が制定する命令のこと。

学校教育法第37条

　学校教育法で「事務職員」について書かれている部分は８か所あります。そのなかでも小・中学校にかかわる部分で重要なのは第37条です。条文を確認してみましょう（本条は、第49条により中学校にも準用[4]されます）。

> 小学校には、校長、教頭、教諭、養護教諭及び事務職員を置かなければならない。──第１項
> 第一項の規定にかかわらず、副校長を置くときその他特別の事情のあるときは教頭を、養護をつかさどる主幹教諭を置くときは養護教諭を、特別の事情のあるときは事務職員を、それぞれ置かないことができる。──第３項
> 事務職員は、事務をつかさどる。──第14項

　小・中学校には、事務職員をかならず置く（第１項）としていますが、その例外（第３項）も定められています。その例外である「特別な事情」とは、学校教育法を逐条解説した書籍によれば、「例えば、小規模学校であるとか、地域的な関係で適当な者を採用できないような場合」（鈴木　編著2016：365）とされています。

　第14項は、事務職員の職務規定であり、唯一無二の法律で定められた規定です。詳細は、第１章「04 文部科学省と事務職員」で説明します。

【参考引用文献等】

●内閣法制局法令用語研究会 編（1994）『有斐閣法律用語辞典』（有斐閣）

●鈴木勲 編著（2016）『逐条学校教育法　第８次改訂版』（学陽書房）

---

[4]　「ある事項に関する規定を、他の類似事項について、必要な修正を加えつつ、あてはめること」（内閣法制局法令用語研究会 編1994：678）。

03 事務職員の標準的な配置数と基準員数

事務職員「定数の標準」を決めるのが法律であり、
それを踏まえて任命権者が条例に従い人数を決定します。
（○○○市町村立小・中学校県費負担教職員配当基準）

✒ 事務職員「定数の標準」を決める法令

　公立学校の教職員にかかわる「定数の標準」を決める法律は、公立義務教育諸学校の学級編制及び教職員定数の標準に関する法律です。この法律は、「学級規模と教職員の配置の適正化を図るため、学級編制及び教職員定数の標準について必要な事項を定め」るものです（第1条）。

　事務職員「定数の標準」は、第9条で定められています。

四学級以上の小学校（‥）及び中学校（‥）の数の合計数に一を乗じて得た数──第1号
三学級の小学校（‥）及び中学校（‥）の数の合計数に四分の三を乗じて得た数──第2号
二十七学級以上の小学校（‥）の数に一を乗じて得た数と二十一学級以上の中学校（‥）の数に一を乗じて得た数との合計数──第3号

　単純化すれば、4学級以上の小・中学校に1人、小学校27学級以上・中学校21学級以上でプラス1人、3学級では0.75人が標準となります。

第3号の定数は、大規模校における複数配置を規定していますが、そもそもの立法趣旨を文部科学省は「大規模校における学校図書館担当事務職員の配置等が可能となるよう、事務職員複数配置のための定数措置」[5]と説明しています。そのため、複数配置校の事務職員は、学校図書館業務を担う役割が想定される可能性もなくはありません。

　また、条文は省略しますが、第4号でも定数が定められています。少々難解であるため、説明を単純化します。

　生活保護を利用している保護者と「これに準ずる程度に困窮している者」の人数が多い場合は、さらにプラス1人の配置を標準とすることが書かれている条文です。その詳細は、公立義務教育諸学校の学級編制及び教職員定数の標準に関する法律施行令に書かれています。第5条第1項には、法律が定める「準ずる程度に困窮している者」を「要保護者に準ずる程度に困窮していると認める者」と再定義しています。ききなれたことばで表すなら、準要保護者であり、おおむね就学援助制度利用者と理解して問題ありません。

　そして、同条第2項でそれらの人数が100人以上かつその割合が25％以上でプラス1人という定数も標準であるとされています。この規定も複数配置により、就学支援業務をきめ細かに実施するための定数措置です。

✒ 事務職員「員数」を決める条例とその「基準」

　法令で定められているのは、あくまでも標準です。その標準によって国が負担する給与の上限（1/3）を決めています（「義務教育費国庫負担法」の算出根拠）。しかし、「員数」を決定するのは条例です（たとえば、「埼玉県学校職員定数条例」）。さらに、その根拠として任命権者が「基準」を定めています（たとえば、「埼玉県市町村立小・中学校県費負担教職員配当基準」）。

5　文部科学省ウェブサイト「学校図書館」（https://www.mext.go.jp/a_menu/shotou/dokusho/meeting/08092920/1282905.htm）LA:2024.03.05

04 文部科学省と事務職員

教育政策を所管する文部科学省では、
事務職員の役割について
どのように捉えられているのか確認してみましょう。

事務職員の標準的な職務の明確化に係る 学校管理規則参考例

　2020（令和2）年、文部科学省より「事務職員の標準的な職務の明確化に係る学校管理規則参考例等の送付について（通知）」（以下、文科省通知）が、都道府県・指定都市教育委員会あてに通知されました[6]。

　事務職員の職務を決定できるのは、服務監督者である教育委員会です。そのため、文科省通知では、教育委員会に学校を管理するための規則（○○立学校管理規則など）で「事務職員の標準的な職務内容」を定める条文を設け、「事務職員の校務運営への参画の促進等を図るため，標準的な職務の内容その他事務職員の職務の遂行に関し必要な事項を定めるものとする」などと記し、詳細を要綱などへ委任させる例を示しています。そして、「校務運営により主体的・積極的に参画し，その専門性を発揮して職務を遂行できるよう

6　「本通知が示されることとなった歴史的経過や政治・政策的経緯、活用の方法など」や「『別表第一』（標準的な職務の内容及びその例）と『別表第二』（他の教職員との適切な業務の連携・分担の下，その専門性を生かして，事務職員が積極的に参画する職務の内容及びその例）を1項目ずつ順に取り上げ」て「それぞれの業務そのものの解説とつかさどる意義や実践の具体」を「各地における再現性を重視し」、説明した書籍も刊行されています（川崎・柳澤 編著2024）。

にする」ことを目的として定める要綱で「学校組織で唯一の総務・財務等に通じる専門職である事務職員」という立場を明らかにしています。

　もう少し細かく分類すれば、「総務」「財務」「管財」「事務全般」、そして「校務運営」という区分で標準職務例が定められています。

✒ 標準職務例の具体

　標準職務例[7]の具体は、文科省通知に「別表第一」と「別表第二」として添付されています（巻末の資料参照）。

　前者は、「事務職員の標準的な職務の内容及びその例」が書かれ、「総務」「財務」「管財」「事務全般」において、事務職員が担う職務の範囲を示したものです。文科省通知には、但し書きとして地方公務員法が定める「標準職務遂行能力」の趣旨とは異なるという説明がされています。この法規定は、「職制上の段階の標準的な職（‥）の職務を遂行する上で発揮することが求められる能力」（第15条の2第1項第5号）＝「職制上の段階及び職務の種類に応じ[8]、任命権者が定める」（同条第2項）ものであり、服務監督者が定める標準職務とは別の性格になります。

　後者は、事務職員が「他の教職員との適切な業務の連携・分担の下，その専門性を生かして，積極的に参画する職務の内容及びその例」が書かれ、事務職員に「校務運営」への積極的な参画を期待しています。また、学校運営についても、総務・財務等に通じる専門性を発揮し、副校長・教頭とともに校長を補佐する役割が期待されています。

【参考引用文献等】

●川崎雅和・栁澤靖明 編著、学校事務法令研究会 監修（2024）『学校事務職員の仕事大全』（学事出版）

7　文科省通知には、「学校規模，事務職員の職務段階や経験年数，各学校・地域等の実情に応じて」位置づける必要性にもふれています。
8　職制上の段階＝主事や主幹など、職務の種類＝行政職や教育職などのことです。

第 1 節 教育法令と政策から役割を考える

05 中央教育審議会と事務職員

文部科学省の諮問機関である中央教育審議会では、
事務職員の役割について
どのように捉えられているのか確認してみましょう。

近年における中央教育審議会の答申とそのねらい

　中央教育審議会は、文部科学省組織令により「設置」（第75条）されている組織であり、「文部科学大臣の諮問に応じて教育の振興」などを調査審議（第76条）し、答申として数々の意見をまとめています。そのなかでも、近年の答申から、事務職員への期待や役割を抽出してみましょう。

　まず、2015（平成27）年に出された答申（①チームとしての学校・②教員の資質能力向上・③地域とともにある学校）[9]から紹介します。これらの答申は、2017（平成29）年に告示された学習指導要領、そのねらいである「社会に開かれた教育課程」「主体的・対話的で深い学び」「カリキュラム・マネジメント」の実行を担保するために、答申に対応した学校の〈①組織・②資質・③体制〉を構築・向上・整備させる目的がありました。

---

[9]　中央教育審議会「チームとしての学校の在り方と今後の改善方策について（答申）」（①）、「これからの学校教育を担う教員の資質能力の向上について～学び合い、高め合う教員育成コミュニティの構築に向けて～（答申）」（②）、「新しい時代の教育や地方創生の実現に向けた学校と地域の連携・協働の在り方と今後の推進方策について（答申）」（③）、平成27年12月21日（3本同時答申）

　①「チームとしての学校」（組織の構築）では、多種多様な専門性をもった人間がチームとして学校組織を支えていくことが語られ、事務職員には〈マネジメント機能の強化〉が期待されました。②「教員の資質能力向上」（資質の向上）では、教員の研修・採用・養成にかかわる課題を解決し、資質向上をめざすとされ、事務職員には〈教員が子どもと向き合う時間確保〉のために働いてほしいという期待がありました。③「地域とともにある学校」（体制の整備）では、コミュニティ・スクールを推進し、学校と地域が連携・協働体制で子どもたちを育むことが語られ、事務職員には〈学校運営への参画や地域連携の推進〉が求められました。

　その後、〈①組織・②資質・③体制〉を支えていくベースとして「働き方改革」（ヒトの改革）が、2019（平成31）年に「働き方改革答申」[10]として、まとめられました。この答申では、働きかたを見直すことで持続可能な教育を実現するというねらいにより「学校及び教師が担う業務の明確化・適正化」が示されました。事務職員にかかわる部分として、「教師の業務だが、負担軽減が可能な業務」（学校行事の準備・運営、進路指導）を担ったり、「地域連携担当」にあてたりすることへの期待が書かれています。

　また、2021（令和3）年には「令和の日本型学校教育答申」[11]がまとめられ、「総務・財務等に通じる専門職」として「校務運営に参画」したり、「社会教育士の称号を取得し，地域の教育資源を有効に活用」したりすることが期待されています。

10　中央教育審議会「新しい時代の教育に向けた持続可能な学校指導・運営体制の構築のための学校における働き方改革に関する総合的な方策について（答申）」平成31年1月25日
11　中央教育審議会「『令和の日本型学校教育』の構築を目指して〜全ての子供たちの可能性を引き出す，個別最適な学びと，協働的な学びの実現〜（答申）」令和3年1月26日

第1節 教育法令と政策から役割を考える

06 共同実施と事務職員

教育政策として始まった共同実施、
その起こりとそれを担う事務職員の役割や期待を
時代の流れとともに確認していきましょう。

🖋 共同実施の起こり

　1998（平成10）年、中央教育審議会が「今後の地方教育行政の在り方について（答申）」をまとめました。そのなかで「学校の自主性・自律性の確立について」述べられ、制度的な課題のひとつとして「学校の事務・業務の効率化」が示されました。具体的には、「学校予算を各学校の要求や実態に応じて編成するなど、学校裁量権限の拡大に応じて、学校の責任において判断し対応することが必要となる事務・業務が今後増えていくことが予想され」るため、「学校が処理すべき事務・業務に係る負担軽減を図る」必要性を示し、「教育委員会が、事務・業務の共同実施」などに「取り組むことが求められる」とされました。これが共同実施の起こりです。

　その時点で、共同実施を以下のように述べています。

> 学校の規模や実態に応じて、学校事務を効率的に執行する観点から、
> 特定の学校に複数の事務職員を集中的に配置して複数校を兼務させること
> や学校の事務を共同実施するセンター的組織を設置する

　2005（平成17）年、同審議会は「新しい時代の義務教育を創造する（答申）」をまとめました。そのなかで、再度「学校の自主性・自律性の確立」が述べられ、「権限がない状態で責任を果たすことは困難」であるという考えから、「事務の共同実施や共同実施組織に事務長を置くこと」が検討され、「学校への権限移譲を更に進めるための事務処理体制の整備を進めること」とされました。2008（平成20）年には「教育振興基本計画について—『教育立国』の実現に向けて—（答申）」をまとめ、「教員が子ども一人一人に向き合う環境づくり」が提言され、その時間を確保するために「教育現場のICT 化，事務の簡素化・外部化」とともに「学校事務の共同実施」への取組が語られています。

　2013（平成25）年には1998（平成10）年と同名の答申「今後の地方教育行政の在り方について（答申）」がまとめられました。そこでは、「地域とともにある学校づくりの推進方策」が述べられ、その推進に向けて「学校事務の共同実施を通じて、事務機能の強化を図ることも有効な方策」という提言がされています。2015（平成27）年の答申は第１章「05中央教育審議会と事務職員」でも紹介した「チームとしての学校の在り方と今後の改善方策について（答申）」です。「チームとしての学校」の実現に向けて「学校のマネジメント機能の強化」が述べられ、その具体として「事務の共同実施の推進」が語られています。さらに、ひとつの方策として共同実施を「法令上，明確化すること」[12]が検討されています。

　当初、共同実施の目的であった「効率化」——それから十数年のあいだに「権限移譲」や「教員の負担軽減」「事務機能の強化」などの目的も重なり、その期待も広がってきたことがわかります。

---

[12]　このことが、「共同学校事務室」の法制化につながっていきます。

07 共同学校事務室と事務職員

共同実施の法制化として始まった共同学校事務室、その機能とそれを担う事務職員の役割や期待を確認していきましょう。

▶ 共同学校事務室の根拠法

　2017（平成29）年に地方教育行政の組織及び運営に関する法律が改正され、第4章の教育機関に「共同学校事務室」という節が新設されました。

　現在は、第47条の4に定められています。

教育委員会は（‥）属する学校のうちその指定する二以上の学校に係る事務（‥）を当該学校の事務職員が共同処理するための組織として、（‥）いずれか一の学校に、共同学校事務室を置くことができる。──第1項

共同学校事務室に、室長及び所要の職員を置く。──第2項

室長は、共同学校事務室の室務をつかさどる。──第3項

共同学校事務室の室長及び職員は（‥）事務職員をもつて充てる。ただし、当該事務職員をもつて室長に充てることが困難であるとき（‥）は、当該事務職員以外の者をもつて室長に充てることができる。──第4項

前三項に定めるもののほか、共同学校事務室の室長及び職員に関し必要な事項は、政令で定める。──第5項

 共同学校事務室への期待とその役割

　共同学校事務室の法制化以降、2019（平成31）年には中央教育審議会が「働き方改革答申」[13]で、副校長・教頭の学校事務にかかわる業務負担を軽減するため「共同学校事務室の活用」が期待されると提言しました。そして、2023（令和5）年には「持続可能な社会の創り手の育成」「日本社会に根差したウェルビーイングの向上」をコンセプトとした第4期の教育振興基本計画作成における同審議会答申[14]でも「働き方改革の更なる推進」方策として、「共同学校事務室の設置・活用の促進」が期待されています。

　共同学校事務室に求められている具体的な業務は、学校教育法第37条第14項の事務職員が「つかさどる」事務であり、共同で処理することにより、効果的な処理ができるものとされています。その詳細は、地方教育行政の組織及び運営に関する法律施行令第7条の2で定めています。

> （‥）対象学校（‥）において使用する教材、教具その他の備品の共同購入に関する事務──第1号
> 対象学校の教職員の給与及び旅費の支給に関する事務──第2号
> （‥）対象学校の運営の状況又は当該対象学校の所在する地域の状況に照らして、（‥）共同処理することが当該事務の効果的な処理に資するものとして教育委員会規則で定める事務──第3号

　まず、教材教具の共同購入、その次に給与旅費の事務が置かれています。それ以外の事務にかかわることも、教育委員会が定めることにより、その範囲を広げることが可能となっています。

13　前掲、「新しい時代の教育に向けた持続可能な学校指導・運営体制の構築のための学校における働き方改革に関する総合的な方策について（答申）」
14　中央教育審議会「次期教育振興基本計画について（答申）」令和5年3月8日

08 地方公務員のしくみ

学校事務職員の身分は、地方公務員です。
「地方公務員」として必要な知識を培いましょう。
特に知っておくべき条文を紹介します。

✒️ 地方公務員制度を支える地方公務員法

　地方公務員のしくみを学ぶためには、地方公務員法を理解する必要があります。条文を読むだけで理解が難しいときは、逐条解説書[15]に頼ってみましょう。本法は、第1条にあげられている「任用、人事評価、給与、勤務時間その他の勤務条件、休業、分限及び懲戒、服務、退職管理、研修、福祉及び利益の保護並びに団体等人事行政に関する」ことを定めていますが、そのなかでも事務職員としては、特に「給与、勤務時間その他の勤務条件」（第24条以下）と「服務」（第30条以下）の条文を学んでおきましょう。

✒️ 給与、勤務時間その他の勤務条件

　まず、「職員の給与、勤務時間その他の勤務条件」は、この法律ではなく都道府県・市町村の「条例で定める」と書かれています（第24条第5項）。地方公務員の場合、任命権者が国（法律の制定主体）ではなく地方自治体で

15　たとえば、橋本勇『新版　逐条地方公務員法』（学陽書房）、晴山一穂・西谷敏　編『新基本法コンメンタール　地方公務員法』（日本評論社）などが有名です。

あるため、そこで定める条例に委任する方法をとっています。

　もうひとつ覚えておくべき条文として「給料表に関する報告及び勧告」（第26条）があります。給料額の増減を人事委員会が検討し、勧告できることを定めています。いわゆる「差額」支給につながることもあります。

▎ 服務

　服務とは、職務に服することです。職員は「全体の奉仕者として公共の利益のために勤務し、且つ、職務の遂行に当つては、全力を挙げてこれに専念しなければならない」（第30条）ことを「宣誓」（第31条）しなければなりません。このことをベースとして、以下の条文には7つの義務や禁止、制限が定められていますので、確認しておきましょう。

「法令、条例、地方公共団体の規則」や「上司の職務上の命令に忠実に従わなければならない」こと──第32条

「職の信用を傷つけ」たり、「職全体の不名誉となるような行為をしてはならない」こと──第33条

「職務上知り得た秘密を漏らしてはならない」こと（このことは、退職後も同様）──第34条

「勤務時間及び職務上の注意力のすべてをその職責遂行のために用い」、「なすべき責を有する職務にのみ従事しなければならない」こと──第35条

「政党その他の政治的団体の結成に関与」したり、「これらの団体の役員」になったりしてもいけないこと、また「勧誘運動」もしてはならないこと──第36条

「同盟罷業、怠業その他の争議行為」をしてはならないこと──第37条

「任命権者の許可を受けなければ」、「営利企業」を営んだり、「報酬を得ていかなる事業」や「事務にも従事」したりしてはならないこと──第38条

第2節 必要な知識や技能を培う

教育行政のしくみ

09

学校事務職員は、いわば教育行政の末端的職員です。
逆のいいかたをすれば、教育現場の最前線で働いています。
そのため、教育行政の全体像を理解しておきましょう。

✒️ 教育行政を担う組織

　まず、行政とは国家の機能である立法と司法に並ぶ統治作用です。そのうち、教育にかかわる領域を担当するのが教育行政となります。具体的な機関としては、文部科学省（国）[16]や教育委員会（都道府県・市町村）[17]が中心です。そして、学校教育だけではなく社会教育[18]も担当します。

　文部科学省の任務は「教育の振興及び生涯学習の推進を中核とした豊かな人間性を備えた創造的な人材の育成、学術の振興、科学技術の総合的な振興並びにスポーツ及び文化に関する施策の総合的な推進を図るとともに、宗教に関する行政事務を適切に行うこと」とされ、95の具体的な事務が法律によって定められています[19]。

---

[16]　文部科学省設置法第2条「国家行政組織法（‥）第三条第二項の規定に基づいて、文部科学省を設置する」
[17]　地方教育行政の組織及び運営に関する法律第2条「都道府県、市（特別区を含む。以下同じ。）町村（‥）に教育委員会を置く」
[18]　社会教育法第2条「学校の教育課程として行われる教育活動を除き、主として青少年及び成人に対して行われる組織的な教育活動（‥）をいう」
[19]　文部科学省設置法第3条、第4条

教育委員会は、「当該地方公共団体が処理する教育に関する事務」を管理
し、執行することとされ、19の具体的な職務権限が法律によって定められて
います[20]。

 教育基本法と教育行政

教育基本法には「教育行政」という章が置かれています（第3章）。

> 「教育は、不当な支配に服することなく」、「教育行政は、国と地方公共団体
> との適切な役割分担及び相互の協力の下、公正かつ適正に行われなければ
> ならない」──第16条第1項
> 「国は、全国的な教育の機会均等と教育水準の維持向上を図るため、教育に
> 関する施策を総合的に策定し、実施しなければならない」──同条第2項
> 「地方公共団体は、その地域における教育の振興を図るため、その実情に応
> じた教育に関する施策を策定し、実施しなければならない」──同条第3
> 項
> 「政府は、（‥）教育の振興に関する施策についての基本的な方針及び講ず
> べき施策その他必要な事項について」定めなければならず、地方公共団体
> は、その計画を参酌し、「当該地方公共団体における（‥）基本的な計画を
> 定めるよう努めなければならない」──第17条

　この条文から国と地方の役割や分担、協力のしくみがわかります。具体的
な記述として、「教育振興基本計画」（第17条）により国の政策を受け、地方
が計画を立てるようにみえますが、それはあくまでも「参酌」であり、参考
の範囲内で扱われます。しかし、地方に法令違反などが認められる場合、国
（文部科学省大臣）から是正の指示をすることは可能です[21]。

20　地方教育行政の組織及び運営に関する法律第21条
21　地方教育行政の組織及び運営に関する法律第49条以下

第2節 必要な知識や技能を培う

教育課程のしくみ

10

学校事務職員は、学校の事務をつかさどる職員です。
学校は教育の課程を定め、日々の教育活動を実施しています。
そのため、教育課程のしくみも理解しておきましょう。

教育課程と学校教育

　まず、学校教育法に教育課程ということばが登場します。小学校の「教育課程に関する事項」は、義務教育の目的（第29条）や目標（第30条）に従い、文部科学大臣が定めるとされています（第33条）。この条文は、「教育課程」そのものではなく、それに「関する事項」の定めです。

　それでは、文部科学省令である学校教育法施行規則をみていきましょう。小学校の教育課程は「国語、社会、算数（‥）」などの教科や「特別の教科である道徳」、「特別活動」などによって編成するとされ（第50条）、その授業時数の標準を「別表第一」で定めています（第51条）。そして、本規則に定めること以外は「教育課程の基準として文部科学大臣が別に公示する小学校学習指導要領」によることも書かれています（第52条）。

　次は、学習指導要領です。小学校学習指導要領[22]の総則で「各学校においては（‥）適切な教育課程を編成するもの」と書かれているため、その編成主体は学校となります。

---

[22]　2017（平成29）年に告示された最新版を参照。

教育課程の編成

　教育課程の編成については、「主体的・対話的で深い学びの実現に向けた授業改善」を通して、「知識及び技能が習得されるようにすること」「思考力，判断力，表現力等を育成すること」「学びに向かう力，人間性等を涵養すること」を偏りなく実現できるようにすることが求められています。また、「基本的な方針が家庭や地域とも共有されるよう努めるもの」とされ、教育課程そのものやシラバス（学習者向け授業計画）などの公表が進んでいます。

　編成方法の具体として、「各教科等の特質を生かし」、「教科等横断的な視点」に立ち、地域や子どもの実態とあわせて各学校の特色を生かすことが求められています。

教育課程とカリキュラムの違い

　教育課程を英語でいうとカリキュラム——という説明もあり、文部科学省内でも「教育課程（カリキュラム）」という使いかたがされています[23]。しかし、吉冨（2016：13）によれば、カリキュラムという概念のほうが広く、それは「学校教育における児童生徒の経験の総体」とされ、カリキュラム・マネジメントにおいては、この意味で用いているといいます。

【参考引用文献等】

●吉冨芳正（2016）「資質・能力の育成を実現するカリキュラムマネジメント」田村知子・村川雅弘・吉冨芳正・西岡加名恵 編著『カリキュラムマネジメント・ハンドブック』（ぎょうせい）pp.2-19

---

[23]　文部科学省ウェブサイト「学習指導要領」（https://www.mext.go.jp/a_menu/shotou/new-cs/idea/index.htm）LA:2024.05.30

第2節 必要な知識や技能を培う

カリキュラム・マネジメントのしくみ

カリキュラムというと、教育指導領域が想定されます。
しかし、それだけではなく
事務職員が主体的にかかわるべき概念も含まれています。

カリキュラム・マネジメントの定義

　まず、カリキュラム・マネジメントの全貌を確認しましょう。カリキュラム・マネジメントの定義は、学習指導要領に書かれています[24]。確認すべき視点ごとに箇条書きで引用します。

> 各学校においては，児童や学校，地域の実態を適切に把握し，
>
> 教育の目的や目標の実現に必要な教育の内容等を
>
> 教科等横断的な視点で組み立てていくこと，
>
> 教育課程の実施状況を評価してその改善を図っていくこと，
>
> 教育課程の実施に必要な人的又は物的な体制を確保するとともに
>
> その改善を図っていくことなどを通して，
>
> 教育課程に基づき組織的かつ計画的に
>
> 各学校の教育活動の質の向上を図っていくこと

---

[24] 「小学校学習指導要領（平成 29 年告示）」p.18

カリキュラム・マネジメントの3側面

　田村（2017：30）は、カリキュラム・マネジメントの3側面を「カリキュラム・デザイン」「PDCAサイクル」「内外リソース活用」としています。

　カリキュラム・デザインの側面は、「各教科等の教育内容を相互の関係で捉え、学校教育目標を踏まえた教科等横断的な視点で、その目標の達成に必要な教育の内容を組織的に配列していく」こと――PDCAサイクルの側面では、「教育内容の質の向上に向けて、子供たちの姿や地域の現状等に関する調査や各種データ等に基づき、教育課程を編成し、実施し、評価して改善を図る一連のPDCAサイクルを確立する」こと――内外リソース活用の側面として、「教育内容と、教育活動に必要な人的・物的資源を、地域等の外部の資源も含めて活用しながら効果的に組み合わせる」こと――と説明を加えています。

事務職員が主体的にかかわるための概念整理

　まず、「カリキュラム・デザイン」を中心に置き、「PDCAサイクル」や「内外リソース活用」をそのベースとして捉えます。そこに、事務職員が専門とする教育財政領域を重ねていきます。

　たとえば、第一に「教科等横断的」な財政措置をマネジメントする「PDCAサイクル」の確立やその実行があります。第二に「目的の達成に必要な」ヒト・モノ・カネなどの「リソース」を教育委員会や地域から得ることや、校内に存在しているそれらを調整していくことなども、事務職員が主体的にかかわることができる部分です。

【参考引用文献等】

●田村学（2017）「カリキュラム・デザインが創造する『主体的・対話的で深い学び』」田村学 編著『カリキュラム・マネジメント入門』（東洋館出版社）pp.11-52

12 「チームとしての学校」のしくみ

第2節 必要な知識や技能を培う

中央教育審議会が「チームとしての学校」答申をしてから
さまざまな部分でその概念が活用されています。
それではそのしくみを確認してみましょう。

✒️ 「学校のしくみ」としてのチーム

　まず、「チームとしての学校」とは、どんな学校でしょうか。

　中央教育審議会（2015）答申の定義[25]では、チームとしての学校像を「校長のリーダーシップの下，カリキュラム，日々の教育活動，学校の資源が一体的にマネジメントされ，教職員や学校内の多様な人材が，それぞれの専門性を生かして能力を発揮し，子供たちに必要な資質・能力を確実に身に付けさせることができる学校」としています。そして、その実現に必要な視点として「①専門性に基づくチーム体制の構築」「②学校のマネジメント機能の強化」「③教職員一人一人が力を発揮できる環境の整備」があげられています。

　その後、改定された「生徒指導提要（改訂版）」[26]にも「チーム学校による生徒指導体制」という章が設けられ、「児童生徒一人一人の発達を支える取組を組織的に進める」生徒指導がめざされています。また、特別支援教育

---

[25]　中央教育審議会「チームとしての学校の在り方と今後の改善方策について（答申）」平成27年12月21日、p.12
[26]　文部科学省「生徒指導提要（改訂版）」令和4年12月

におけるチーム実践[27]、教育支援専門職（たとえば、スクールカウンセラーや事務職員など）が果たすチームとしての役割などについて、研究もすすめられています[28]。

　また、学校の課題が複雑化・多様化したことを受け、その解決に向けた専門スタッフの増員もすすんでいます。たとえば、教員業務支援員[29]（スクールサポートスタッフ）の大幅増員や副校長・教頭マネジメント支援員という新しいスタッフも加わってきました。そして、個々のスタッフが個々に取り組むのではなく、しくみとしての「チーム」性が求められています。

「チームとしての学校」における事務職員の位置

　前出した答申には、「事務職員」という文言が44回もでてきます（教頭：36回、養護教諭：14回）。このことから、「チームとしての学校」のしくみに事務職員が欠かせない存在であることが想像できます。事務職員は、専門スタッフではなく教職員に整理され、「②学校のマネジメント機能の強化」における「事務体制の強化」が期待されています。

　具体的には、教頭との仕事分担による事務体制の再整備であり、そのうえで「学校運営事務の統括者」という位置づけも言及されています。また「共同実施」により、学校事務を効率化することで教頭などを補佐する時間を生み出すこと、そして教頭などが「人材育成や専門スタッフの調整等の業務」に注力できるようにしていく体制の構築も事務職員には求められています。

27　岩手県ウェブサイト「チームで取り組む特別支援教育の手引」（https://www.pref.iwate.jp/kyouikubunka/kyouiku/gakkou/tokubetsu/1062892.html）、香川県ウェブサイト「チーム学校特別支援教育力 UP マニュアル」（https://www.pref.kagawa.lg.jp/kenkyoui/tokubetsushien/upmanyuaru/upmanyuaru.html）LA:2024.05.31
28　愛知教育大学ウェブサイト「『チーム学校』を理解するために」（https://www.aichi-edu.ac.jp/pickup/2023/03/03_011376.html）LA:2024.05.31
29　学校教育法施行規則第65条の7「教員業務支援員は、教員の業務の円滑な実施に必要な支援に従事する」

第2節 必要な知識や技能を培う

整理整頓の意義と方法

整理整頓が得意なひとも苦手なひともいるでしょう。
片づけは「技術」だというひともいます。
まずは事務室から整理整頓をしてみませんか。

✒ 整理整頓のホップ：事務室

　まず、事務室から始めましょう。事務室は事務職員の個室ではなく、事務機能を効果的に発揮させるための部屋です。そのため、だれが使っても使いやすい状態を維持しておくことが求められます。

　最初に事務室の整理整頓をすすめる理由として、教材室や職員室よりも事務職員の判断で整理整頓ができる部分だと考えるからです。事務室の防火責任は、事務職員である場合が多く、その部屋の責任者とされています。また、事務室の有無やその広狭にもよりますが、消耗品を管理しているという話はよくききます。消耗品管理＝在庫管理でもあり、整理整頓ができていないと在庫管理に支障をきたしますし、重複購入や在庫過多が生じてしまう可能性もあります。それらのことから、無駄な予算を執行してしまうことにもつながります。文部科学省も事務職員の標準的な職務の内容及びその例として「財務」と「管財」を併記し、予算・経理・整備・管理をつなげています[30]。

---

[30] 文部科学省「事務職員の標準的な職務の明確化に係る学校管理規則参考例等の送付について（通知）」令和2年7月17日

 消耗品を分類し、ゾーニングを色分けする

　学校片づけアドバイザーの伊藤（2023）による片づけ術を紹介します。まず、事務用品を分類するとき「なるべく同じ仲間に分けること、似たモノをいっしょにすること」から始めるといいます。たとえば、「書くモノ」「くっつけるモノ」「モノをまとめるモノ」「切るモノ」などと例示しています。また、消耗品棚自体も「ゾーニング」（区域分割）します。

　たとえば、「書くモノを赤ゾーン」、「くっつける・まとめるモノを青ゾーン」などと区分します。そこに分類した事務用品を並べることで、探しやすく、返却するときも迷わないそうです。

 整理整頓のステップ：印刷室

　事務室の次は、印刷室です。印刷機や紙折り機、裁断機などの機器が置かれていたり、紙やインクなどという事務職員にとっても身近なものが多くあったりする部屋だからです。しかし、捨てていいのか迷うミスプリントが散乱していたり、身元不明な物品が置かれていたりしているのが印刷室でしょう。ミスプリントでいえば、印刷室内にシュレッダーを置くことや、古紙回収トレー（用紙とジャストサイズ推奨：裏紙使用の場合でも劣化が抑えられます）を並べるだけでも「散乱」は減らせます。しばらく置かれている身元不明な物品は、別の場所へ移動し（≒隠し）、1年しても持ち主が現れなかったら捨ててもいいかもしれません。

　ホップ・ステップ——次はジャンプです。職員作業などを通し、協働による整理整頓をつかさどってみましょう。

【参考引用文献等】

●伊藤寛子（2023）『学校の片づけ術』（学事出版）pp.68-69

第2節 必要な知識や技能を培う

14 コミュニケーションの意義と方法

学校事務の仕事をしていくうえで
ひととのコミュニケーションは不可欠です。
得意なひともそうではないひともがんばってみましょう。

✒ コミュニケーションのホップ：
存在表明（一方向的な行為）

　コミュニケーションの方法には、言語を使用したものとそうではない方法（非言語：たとえば、ジェスチャーなど）があります。また、それらをあわせた方法でコミュニケーションを図ることもありますが、ここではことばによるそれについて意義と方法を考えてみましょう。

　もっともハードルが低いのは、一方向的で連続性が生じないコミュニケーションです。たとえば、あいさつがあります。学校内ですれ違うとき、教職員同士では「お疲れ様」、子どもたちには「こんにちは」と、その後のコミュニケーションを期待することなく伝えることばです。それでも、自分の存在感を表したり、次につながるコミュニケーションのきっかけができたりすると考えます。あいさつで相手を不快にさせる心配はなく、コミュニケーションが苦手なひとにも取り組みやすいでしょう。しかし、相手から返事がないと自分が辛くなることもあります。子どもたちは、事務職員に対して「だれだろ、あのひと？」という疑問が先行し、返事にならないこともあるかもしれません。「あいさつは、たった2秒の自己紹介」といわれています。より深いコミュニケーションに向けた前提として、がんばってみましょう。

コミュニケーションのステップ：情報伝達（伝える行為）

　ジャーナリストの池上（2007）は、わかりやすく伝える前提としてそのことを「深く理解」しておくことが必要であり、「理解が深まると、人にわかりやすく、正確に話すことができる」と述べています。

　事務職員に必要とされる情報伝達スキルとしてのコミュニケーションは、いくつかの事例が考えられます。たとえば、扶養手当の認定に必要な手続きやそれに伴う添付書類の提出では、電子申請ならそのページのリンク先、書類が必要なら様式を提供し、入力（記入）例を示します。しかし、それだけでは〈方法〉が伝わるだけで、ほかの情報（手当額や添付書類を求める理由など）は伝わりにくいかもしれません。そのために、いろいろな情報を網羅した扶養手当リーフレットを用意しておくとよいでしょう。

　また、所得証明書と課税証明書の違いや源泉徴収票との違いを質問されるかもしれません。リーフレットにまとめるということは、「深く理解」することにもつながり、「わかりやすく、正確に」伝えるためのステップです。

コミュニケーションのジャンプ：意思疎通（対話的な行為）

　もっともハードルが高いのは、相互コミュニケーションです。意思の疎通が必要ですし、傾聴や対話のスキルも求められます。しかし、事務職員に向けた専門的な研修がある場合は多くないでしょう。たとえば、校内予算の査定が求められる事務職員として、コミュニケーションは必須です。相手の要求を理解し、こちらの意見を述べるやりとりを経て結論を出します。

　ホップ・ステップの蓄積がジャンプにつながることは必至でしょう。

【参考引用文献等】

●池上彰（2007）『伝える力』（PHP 研究所）pp.19-22

第2節 必要な知識や技能を培う

15 文書作成の意義と方法

事務職員が通知文を作成することは少ないかもしれませんが
主語を学校にかえれば、日々の業務といえるでしょう。
事務職員も文書作成を総務領域と捉えてかかわりましょう。

📝 文書作成のホップ：基本を学習する

　文書とは、伝えたいことを文章にし、それを形式化させたものです。文書
には行政機関などに向けたものも多いですが、ここでは保護者に向けた文書
（通知文）を扱います。事務職員から発信する文書は「学校納入金のお知ら
せ」などがメジャーでしょうか。ほかにも学校からは「授業参観」のお知ら
せ文書、「アレルギー」の調査文書、「遠足」の申し込み文書などがあります。
どれも保護者に学校の意思を伝える作用があります。

　学校づくり研究会（1995）は、文書を作成するにあたり「保護者の知りた
い情報は何かということに常に思いをめぐらせるなどの配慮」が必要である
とし、以下のポイントを示しています（要約）。

---

① 努めて平易な、一般的に用いられている文字や言葉を使うこと。
② 読み手の立場に立って作成し、まわりくどい表現などをさけること。
③ 回答を求める場合は、括弧書きで提出日を示すなど、工夫すること。
④ 文書の発信日（作成日）・発信者（責任者）をかならず入れること。

✒ 文書作成のステップ：文書を作成する

　以前は、紙ベースによる文書の配付が主流でした（作成→印刷）。現在は、メール配信などもすすんでいますが、それでも文書の作成は残っています（作成→添付）。重要な文書には発信番号をつけること、あて名は左寄せ・日付は右寄せでそれぞれ１文字分のスペースを空け、標題は中央寄せ──というような、基本的なことはインターネットでも調べられます。

　学校独自のポイントをひとつあげるなら、発信者表記です。学校から発信する文書は、校長名で発出することが基本です。もし、学年主任が管理職であり、その学年の責任を負えるのならそれも一考あるかもしれません。また、校長と学年主任の連署で発信している文書をみかけることもありますが、学年のことを発信する場合で主任名をのせる場合は、問い合わせ先として下部に置きましょう。

✒ 文書作成のジャンプ：校正を担当する

　自治体によっては、事務職員が文書主任という場合もあります。それには、文書を管理する業務として、発信・校正・保存・廃棄などといった幅広い内容が含まれています。たとえ、ほかの職種が文書主任だとしても事務職員も文書決裁ルートに加わり、前述したようなポイントの確認や文章の校正を担当してみましょう。

　決裁ルートが長くなると、スピーディーな発信を抑制してしまうことになりますが、その反面で正確さは担保できます。また、さまざまな文書にふれることができ、教育活動の全体像もつかみやすくなるでしょう。

【参考引用文献等】
●学校づくり研究会 編（1995）『学校文書のつくり方・書き方』（草土文化）pp.9-10

第2節 必要な知識や技能を培う

16 ICT・DX 化の意義と方法

ICT・DX 分野を得意としている事務職員は多そうですが、
逆に苦手とするひともいるでしょう。
ここでは事務職員の職務として捉えた整理をしてみましょう。

ICT・DX 化のホップ：事務職員の職務範囲を確認する

　文科省通知[31]から職務との関連を確認しましょう。ICT にかかわる部分は、以下の3点が参考例として示されています。ここからわかることは、専門的な知識の提供ではなく「管財」と「支援」がメインであるということです。苦手意識をもたずに、コピー機の契約管理や操作支援と同じような業務と捉えてみることから始めてみてはいかがでしょうか。

○施設・設備及び教具（ICT に関するものを含む。以下同じ。）の
　整備及び維持・管理に関する事務教材，教具及び備品の整備計画の策定
○カリキュラム・マネジメントの推進に必要な人的・物的資源等の
　調整・調達等（ICT を活用した教育活動に資するものを含む）
○教育活動における ICT の活用支援

31　文部科学省「事務職員の標準的な職務の明確化に係る学校管理規則参考例等の送付について（通知）」令和2年7月17日

ICT・DX 化のステップ：校務から始める

　ICT・DX 化として、校務（授業以外）における実践を考えてみましょう。たとえば、ペーパーレス化があります。卒業式の出欠予定を紙ベースからインターネットフォームによる回答へ変更し（ICT 化）、そのデータを利活用して受付業務をなくす（DX 化）ことが考えられます（ICT 化は DX 化に向けた「手段」）。このような DX 化の実現は、まだ先かもしれませんが、ペーパーレスという名の ICT 化は取り組みやすいと考えます。事務職員として、「管財」や「財務」の視点から提案することもできるでしょう。

　また、校務における ICT 化の実践として「ICT を活用した学校評価による校務運営の参画」（総務領域）、「タブレットを活用した備品点検」（財務領域）というような事務職員の実践もあります（栁澤・前田 編著2024）。

ICT・DX 化のジャンプ：業務を見直す

　冒頭の文科省通知には、「業務改善の推進」という職務も示されています。ICT・DX 化をきっかけとした業務改善の提案につなげてみましょう。

　前述したペーパーレスのように DX 化まで到達していなくとも立派な業務改善です。印刷や配付の手間が省けますし、集計も自動で完了します。ただ、メール配信を前提にした場合、その登録を100％に近づける業務が生まれます。しかし、さまざまな出欠を確認するのが学校です。そのイニシャルコスト（業務）をかけても、その後のランニングコストは回収できるでしょう。

　事務職員だけで実践するのではなく、学級担任や管理職と協働して ICT・DX 化を介した業務改善に挑戦してみましょう。

【参考引用文献等】

●栁澤靖明・前田雄仁 編著（2024）『教育 ICT がよくわかる本』（学事出版）

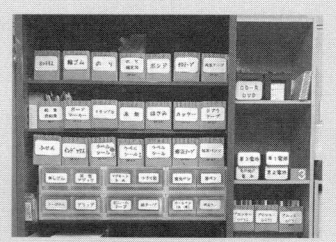

片づけの価値を見直してみよう

「片づけ」は仕事の優先順位を考えてもとても高い。初めて異動した4月のある日——フラットファイルの在庫が少ないことに気がつき、たくさん買った翌日、まったく別の場所から大量にでてきたということがあった。その後もたびたびいたるところから消耗品がでてくる始末。夏休みを待たずに模様替えと大掃除に取りかかったのはいうまでもない。この経験から、異動したらすぐに事務室内の大掃除＆整理整頓をすることにしている。

2回目の異動ではゴミ袋を10袋以上出し、ついでに消耗品庫も整理整頓。3回目の異動は複数配置だったこともあり、ちょっと遠慮して棚の整理にとどまったが、ロッカーの上にあった「いつか使うため」と貯めていたらしい大量の空き箱は全捨て！　いまの学校に赴任したときは、いままでで一番大がかりだった（前任者の

片づけ後、職員からは
「お店屋さんみたい！」

せいとは一応いわない）。複数の棚とパソコンデスクを処分し、消耗品の棚も大改造。4月に保護者が事務室に来たとき、部屋の変わりように一度廊下へでて、部屋の表示を確認していたのには思わず笑った。

執務環境を整えることは、仕事の効率に直結する。だれもがすぐに物のありかがわかることはお互いの時間短縮になるし、なにより物理的にも風通しがよくなる。片づいていないひとのいい分は「自分はどこになにがあるかわかっているからだいじょうぶ」であることが多いが、実は（というまでもなく）まったくだいじょうぶではない。本来机上は当然のこと、引き出しのなかであっても共有スペースと考えるべきだと思う。自分がいなくても、スムーズに仕事ができる状態であることが求められるし、整理整頓されていることの価値も高い。

第2章

学校事務職員の1年間

第1節 事務職員の通常業務を追う

01 1学期の業務

ここからは、年間業務をみていきましょう。
事務職員の業務は、ルーティンワークとそれ以外があります。
ここではわたしのルーティンワークを紹介します。

✒ スタートダッシュ

　学校は年度という単位で動いています。そのため、まずは人事異動の事務です。学校の規模やその年度にもよりますが、何割かの職員が入れ替わるため、年度初めにはそれにかかる業務にとりかかります。

- ・宣誓書や着任届、春季休業中の動静の確認
- ・転入職員の給与諸手当（通勤手当や扶養手当など）の認定、報告
- ・共済組合事務（保険証や年金の手続き）
- ・赴任旅費　など

　これらは締め切りがある仕事のため、決められた期間内に処理を終わらせる必要があります。「スタートダッシュ」と書きましたが、これらの仕事のスタートは4月1日に始まるわけではありません。3月に人事異動の内示がわかり次第、タスクを整理し、進められるものは進めておくことで、4月当初の事務処理がスムーズになります（詳細第2章「03 3学期の業務」参照）。

　また、教科書給与事務もこの時期の仕事です。必要書類の作成のほかに、子どもたちへ配付するための仕分け作業がありますが、こちらは事務職員だけで作業せずに、担当学年の職員などと手分けしましょう。

✒ 年度当初の職員会議で提案

　4月の職員会議は、どこの学校でもその年の多くのことを決めるために時間をかけて実施します。事務職員からは学校財務や学校事務にかかる校内の約束事などを提案、確認します。年間を見通し、必要事項を教職員全体で共有することが目的です。採用時や、異動1年目は準備することが難しいですが、前任者とじょうずに引継ぎをすることで、準備が可能でしょう。

　共同学校事務室（共同実施）内で、各校の提案内容を共有するなどして、前年度踏襲ではなくレベルアップさせていくことも忘れてはいけません。

✒ 実働の合間をみて整理

　4月の職員会議が終わると、多くのことが一気に動き始めます。事務職員は、先にあげた事務処理以外に、物品の準備や管理に追われます。特に、年間指導計画に基づいた財務計画を立てるため、希望物品の把握や見積もり発注などの業務が集中する時期でもあります（詳細第4章「01 公費の予算編成」参照）。その合間をみて、書類の整理もすすめます。多くの書類は自治体が定めた分類によって整理する必要があります。

　5月以降は、月のルーティンワークと調査報告などが入ってきます。学校基本調査などもこの時期ですが、わたしが所属する自治体では教頭が担当しています。ひとつひとつを先延ばしにせず、できることはどんどん片づけていきましょう。

　ここから8月末までは、例月の給与支給にかかわる業務など、決まったもの以外は、比較的落ち着いた期間です。4月に認定した書類の確認や、消耗品の整理、不要物の廃棄、事務室の模様替えなどを行う期間にあてるといいでしょう。空いた時間にと考えているとすぐに時間がたってしまいます。計画的にすすめましょう。

02 2学期の業務

2学期は、夏休みなんてなかったかのように始まって、多くの行事が実施される学期でもあります。
一番長いといわれる2学期はこんな感じです。

✒ まずは諸表簿の整理

　長期休業中は、職員の勤務状況がわかる、いわゆる「動静表」で勤務予定表を作成して把握します。現在では校務支援システムの導入がすすみ、ペーパーで管理することも減りつつありますが、わたしの自治体では、いまだに紙の動静表が残っています。夏季休業が明けると、まずは職員の動静に変更がなかったか、正しく届けられているかを確認します。休みに入る前の作業として、提出された動静表から、休暇や研修がしっかりとれているかの確認は必要です。あわせて毎月のルーティンも当然あります。

✒ 学校の動きにあわせた仕事

　2学期はほかの学期にくらべて期間が長いこと、それにあわせて比較的落ち着いていることから行事を組みやすく、教育課程がイレギュラーになることも多いです。事務職員は、通常業務と行事のための準備を並行することが必要です。大切なのは「バタバタしない」こと。まわりがバタバタしていると、こちらもつられてバタバタしそうになりますが、そこはしっかりタスク

管理をしていきましょう。校内の動きを冷静に俯瞰してみられるひと（事務職員）がいることは、とても大切なことなのです。

✒ 年末調整、それは個人の申告によるもの

　2学期後半の比較的大きな業務といえば、年末調整かもしれません。これが終われば、2学期の特別な業務はほぼ終わりでしょう。

　年末調整とは、1年間納めてきた所得税を本人の申告に基づき、正しく調整するためのものですが、ここ数年、職員から提出してもらう書類が増えたため、期日までに書類を集められるか、正しく報告できるかがポイントかと思います。

　年末調整以外でも、事務職員は多くの書類を締め切りまでに集めるという業務が多くあります。まずは、余裕をもった締め切り日を設定すること。それは職員が準備する期間もそうですし、自分がその後の処理をすることも含みます。特に自分の処理時間を見誤ると、いらぬ時間外勤務をすることにもつながります。また、記入が多い書類ほど、こちらで手助けしたくなりますが（だってそのほうが早いから）、明らかに間違った記載でも、訂正はかならず本人の手で行うこと。特に年末調整は、あくまでも本人の申告によるものだということを忘れてはいけません。万が一申告内容が間違っていて、後日是正が入った際に、自分（事務職員）を守ることにもなります。

　多くの書類は、本人が本人のために作成するものです。その自覚をもってもらうことも大切ですし、書類を書いてあげることは、かならずしも事務負担軽減ではありません。なぜなら、その事務の総量は減っておらず、事務職員へスライドさせているだけだからです。また、なんでも事務職員にやってもらっていた教員が他校へ異動すると、なにもできないひとが行くことになり、相手校にも迷惑をかけることになります。ていねいな記入例や説明は大切ですが、度を越えた親切は本人のためにも、まわりのためにもならないということをお忘れなく。

03 3学期の業務

やってきました3学期。
1月は行く、2月は逃げる、3月は去るといわれるように
とにかくあっという間に過ぎていくので要注意！

学校評価による教育活動の振り返り

　2学期末から3学期にかけて、学校評価による教育活動の振り返りをします。そこで、事務職員からも財務領域の振り返りを入れることをおすすめします。学校評価における自己評価の過程には、教職員アンケート・児童生徒アンケート・保護者アンケートがありますが、そこに財務領域のアンケートも入れるとよいでしょう（詳細第4章「06私費の決算と評価・改善」参照）。

　また、これとは別に、学校財務領域を主とした評価もこの時期に実施します。かんたんに説明すると、年間で購入したすべての物品に対して、効果があったかどうかを検証するものです。事務職員は、職員のアンケート検証結果から課題を抽出するところまでを3学期中に行い、校内で情報を共有します。そして、翌年度の財務計画につなげるしくみです。

決算と報告

　学校財務の具体的な業務では、決算と報告があります。公費・私費問わず、年度末には決算報告をします。私費については、保護者による監査を受けた

後、報告となります。特に私費は積立金や会費以外は単年度決算となるため、場合によっては返金作業も必要です。これらすべてを見越して、いつまでに支払いを終わらせるのか、報告や返金の締め切りはいつにするのか、などの見通しが必要となります。2月末からは翌年度に向けた仕事が多くなるので、その前までにあらかじめ目途を立てておきましょう。

翌年度の準備を少しずつ

　1学期のところで説明した「スタートダッシュ」はここから始まっています。まずは、人事異動です。自治体によって人事の内示時期に差がありますが、情報が入り次第、必要な書類を準備します。

　転出者の書類の準備においては、まだまだデータによる引継ぎのみとはならないことが多いようです。ここは機械的に必要書類をどんどんそろえましょう。

　転出者の準備ができたら、次は転入者の準備です。特に新卒の新採用は給与情報の登録がないため、あらかじめ必要書類を郵送するなどして、お互いに余裕をもって準備できるとよいでしょう。転入職員についても、可能な範囲で前もって書類の準備をしてもらえると、4月の忙しさを半減できます。

　また、身のまわりの整理も順次行っていきます。特に文書については、廃棄するもの、保存するものの仕分けや、新年度のファイリングの準備など、手が空いたときにやっておきましょう。この準備がないと、4月に次々くる文書をその場でファイリングすることができず、とりあえずと積んでおくことになりかねません。未処理の書類を箱に入れて落ち着いたときに整理するという話もききますが、おすすめしません。今日できることは今日やることで、仕事がたまらずに済みます。

　さらに、新年度すぐに使う物品の準備も忘れずに行います。事務室で用意すると決まっているものは、可能な限り3学期中に手配しましょう。もちろん、そのための予算を見越して、財務計画を立てていることが前提ですね。

04 １学期の行事

次に、学校行事をベースに１年間を追っていきましょう。
学校ごとに実施時期が違ったり、行事自体があったりなかった
りしますが、ひとつのモデルケースとしてお読みください。

始業式＆入学式

　職員のスタートは４月１日ですが、子どもたちのスタートは始業式＆入学式です。まずは子どもたちを迎えるため、学校全体で準備にとりかかります。初日に配付するものの確認、教室の整備、入学式においては会場準備と大忙しです。４月当初の職員会議で必要事項は確認済みとはいえ、新メンバーもいるなかで、あれはどこ、これがない——はある意味想定内です。

　事務職員は、人事異動にかかる事務など自分の仕事はさくっと片づけ、必要なものがそろっているか、手配漏れはないかなどをていねいに確認していきましょう。基本、ほとんどのものは前年度に準備が済んでいるはずですが、ギリギリであれが欲しい、これが欲しいということが起こりやすいのも学校の特徴です。そのすべてにこたえるということではなく、本当に必要かを判断し、できることだけ準備すればだいじょうぶです。そして、始業式、入学式にはかならず参列しましょう。

　新しい日々のスタートに目を輝かせている子どもたちをみると、学校で働くっていいな、と感じますよ。

 校外学習

　1年生は交流や仲間づくりの意味も込めて、この時期に校外学習（遠足）を実施している印象があります。わたしの経験では、中学校は学年ごとに行き先を決めています。このとき、学年の担当とはかならず見積合わせをし、その金額により補助教材費としていくら計上するかを決めます。あまりに金額が高い計画の場合は、財務担当者の立場から意見を伝えることも大切です。これは宿泊行事にもいえることです。見積もりの段階から事務職員がかかわることで、不要な経費を削減することもできます。

 定期テスト

　中学校では、年度最初の定期テストが行われます。いろいろな観点から、1学期の中間テストは実施しない学校もでてきました。テストが近くなると放課後の活動を制限したり、補習授業を行ったりとイレギュラーな時程もでてきます。子どもたちの動きをしっかり把握しておくことで、保護者からの下校時刻の問い合わせなどにも対応できます。また、テストはまだまだペーパーが主流です。印刷時に消耗品を切らすことのないよう、使用量の見通しと定期的な在庫チェックを忘れずに行いましょう。最近では、業務改善の観点から採点システムの導入も広がっています。今後はそのあたりを予算化していく必要もあるでしょう。

 いよいよ夏休み

　7月に入れば夏休みもすぐそこです。中学校限定ですが、夏休み前には学生割引乗車券（学割）発行の依頼が多くあります。事前に保護者向け事務室だよりなどで、手続き方法や割引情報をお知らせしてあげると親切ですね。

05 2学期の行事

2学期は行事も多くあります。
学校ならではの動きも多いので、積極的に参加しましょう。
冬休みまで一気に駆け抜けます。

✒ 始業式の後は避難訓練？

　1学期同様、始業式から始まります。あわせて9月1日「防災の日」や8月30日〜9月5日までの「防災週間」に、避難訓練が行われることも多いようです（ちなみに11月5日は津波防災の日です）。消防法では大規模建築において年1回の避難訓練が義務づけられていますが、1学期の早い段階で避難経路を確認する意味でも、避難訓練は実施されているかもしれません。訓練の方法は学校によりさまざまですが、事務職員にも書類持ち出しや通報など、役割があると思います。緊急時の体制について、しっかり学んでおきましょう。

✒ 運動会（体育祭）

　小学校では運動会、中学校では体育祭と呼ぶ学校もありますね（ここでは運動会で統一）。ここ数年の猛暑で、1学期に実施する学校も増えてきましたが、いまや5月でも30度を超える日があり、10月中旬頃の実施が妥当な気もします（スポーツの日も10月ですしね）。この運動会が、学校のなかで一

番準備に時間をかける行事かもしれません。なぜなら、子どもたちの練習期間が必要だからです。種目決め、係決め、体育の授業を中心に競技の練習、放課後は係会議、前日準備から当日、ひいては後片づけまで、運動会にかける時間と労力はとても長いです。また、当日は保護者の参観もあるため、その整備も必要となります。雨が降れば練習の日が減り、当日に雨が降れば延期。10月は台風シーズンなので、本番1週間前から天気予報を逐一チェックします。

　事務職員は、まずは競技に使用する備品の確認でしょうか。多くは消耗品ではないため、かなり前から準備が必要です。急に新しい競技を入れたい！となってもかんたんに許可は出せません。もちろん紙雷管やゴールテープ、プログラムの紙にBGMとしての音源など、必要な消耗品もたくさんあります。放送機器を外に持ち出すための準備も必要です。遅くとも1か月前には、すべての物品がそろっているかを、各担当を介して確認しておきましょう。当日の係分担がある場合もあります。役割がなくても事務室で留守番なんてナンセンスです。子どもの一生懸命な姿をしっかり焼きつけましょう。

✒️ 文化的行事の音楽祭、文化祭

　2学期はスポーツの秋でもありますが、芸術の秋でもあります。――ということかどうかは知りませんが、2学期に文化的行事が実施されることが多いようです。ただ、最近は中学校での文化祭はこの近辺ではみかけなくなりましたが、みなさんの地域ではどうですか？（高校、大学はあり）

　小学校では音楽祭、中学校では合唱祭の形態が多いのかもしれません。運動会にくらべると必要物品はさほど多くはありませんが、わたしの地域では、学校外を会場にすることがスタンダード化しています。高額なホール代と移動の費用を払ってまでする行事であるのか、いささか疑問を感じていますが、それはさておき、校内が音楽で満たされるこの時期は、学校ならではといえるかもしれません。

06 3学期の行事

3学期は期間が短いためそれほど行事は多くないでしょう。
そんななかでも、最高学年を送り出す行事は
年間でも主要な行事のひとつかもしれません。

✒ 卒業生を送る会

　小学校は6年生、中学校は3年生が3月で卒業するため、在校生による「送る会」が催されることが多いのではないかと思います。プログラムとしては、各学年からの出し物、卒業生からの出し物、職員からの出し物、といったところでしょうか。さらにわたしの経験では、これに「思い出のスライド」が加わり、スライドショー形式で1年生からの行事を振り返り、異動した職員からもメッセージをもらう、というのが主流です。いまは編集ソフトを使えば、いくらでも凝ったものがつくれるがゆえに、こういった作業が得意な教員が膨大な時間をかけて編集作業をする、ということも行われていましたが、ここ数年は働き方改革の観点からも、勤務時間でできる範囲のものをつくる、という流れや、そもそもスライドは送る会では流さない、という方向にシフトしつつあります。

　子どもたちの出し物ということで、意外と普段は購入しない物品を用意することもあるでしょう。たとえば、演劇であればその小道具、ダンスをするのであればサイリウムなどは実際に購入しました。直接子どもたちと必要なものを話し合い、準備していく作業はたのしいですが、欲しいからとすべて

購入するのではなく、予算はどれくらいか、代わりに使えるものはないか、などを担当教員も交えてしっかり決めていく必要があるでしょう。

 卒業証書授与式

いわゆる卒業式ですね。入学式とは違い、証書の授与や式歌の練習など、それなりに時間をかけて行われる傾向があります。コロナ禍ではソーシャルディスタンスとマスク着用が必須だったため、次第の大幅なカットで歌なし、練習も最低限、保護者も同席できないため来賓の出席もなし、とかなり簡素化されました。多くの練習時間をかけなくても、卒業証書を授与するという本来の目的に立ち返った、厳粛な式ができることを共有できたことは大きな成果だと思っていますが、コロナが「5類」になり、制限がなくなったことによって、学校によっては従来の形にそのまま戻すといったところもあるようです。これは卒業式に限りませんが、コロナ禍において、なにが必要でなにが必要でなかったのかを振り返ることは、学校が苦手としてきたことなので、ある意味大きな転換期であったといえるでしょう。

卒業式は入学式同様、必要なものは決まっています。早いうちから確認、準備をしておきましょう。卒業生への記念品や卒業証書ホルダー、胸につける花、卒業記念品など、本来どの費用で出すのか、そもそも必要なものなのか、という課題もあります。財務担当者として、しっかり整備しておきたいところです。

 離任式の開催時期は？

わたしの自治体では異動後、翌年度の4・5月に実施するのですが、年度内に行う自治体も多いようです。在校生とお別れして新天地に向かうという意味では、3学期の最後に行うのが理想だなと、個人的には感じています。異動後だと、離任式に行くための旅費も発生しますしね。

学校行事とじょうずにつきあおう

　学校って子どもたちとのかかわりがあるからたのしいと思う。もちろん、直接だったり間接だったりするけれど、そこに子どもたちがいるという事実はやはり特別なことのひとつだ。

　運動会とか大きな行事は学校全体がそれ一色になり、子どもたちはもちろんのこと、教員も一気に非日常感が増してくる。そこに事務職員としてどんな立ち位置でいるのかは正直難しい。財務でかかわるのはもちろんだが、本文で書いたように当日は留守番を仰せつかるひとも多い。留守番してだれもいない静かな学校で仕事をすすめたいということもあるかもしれないし、価値のある留守番であるならばそれもありだと思うが、わたしは可能な限り子どもたちの活動を目のまえでみたいなと思う。いっしょに働いた校長の多くは、それを理解してくれたので、いま思い返してみても大きな行事で留守番したことはないかもしれない。

　当日の参加──その有無は別にして、最近は行事へのかかわりかたも、全体の企画内容を確認し、当日の運営について意見する立場に変わってきた。企画委員会のメンバーであることも関係していると思う。個々の教員は、それぞれに担当が割り振られているからだろうか、全体をみるという視点に欠けていることが多い。行事への熱量も高いがゆえに良くも悪くも目のまえのことに集中するあまり、客観的に判断することが苦手な教員も多い。よりスムーズな運営をするために、と考えてしまうのは事務職員だからというよりは、わたし自身「気がついたら見逃せない」という性格のせいでもある。

　このコラムを書いている頃、本校は絶賛合唱コンクールの準備中で、放課後は毎日子どもたちの歌声がきこえてくる。それにしても最近の中学校の合唱曲は難易度が高い。初任の頃、勤務時間後に音楽室で懐かしくなって合唱曲を弾いていると、いつのまにか子どもたちが集まっていっしょに歌ったりしたけれど、いまわたしが弾けるのは多分『怪獣のバラード』くらいか。

第3章

総務領域の仕事術

第 1 節 情報の発信や管理

01 事務室だよりの活用

事務職員の情報発信ツールとして
長い歴史とともに発展してきたのが「事務室だより」です。
その意義と活用方法を考えましょう。

✒ 事務室だよりの意義

　学校には「おたより」文化があります。学校だよりを始めとして、学年・学級だよりや保健だよりなどがメジャーでしょうか。学校だよりでは、校長の巻頭文や学校全体にかかわるお知らせを掲載し、保健だよりではその各論として学校保健に特化した内容が発信されています。それらの相似として、事務室だよりでは学校事務にかかわる内容を発信してみましょう。

　まず、4つの意義を確認します（栁澤2023：8）。

> ①「情報発信ツール」
> 　職員や保護者・地域、そして子どもに向けた情報を発信するためのツール
> ②「学び合いツール」
> 　職員や保護者・地域、そして子どもとともに学びを生成するためのツール
> ③「コミュニケーションツール」
> 　職員や保護者・地域、そして子どもを繋ぐ架け橋とするためのツール
> ④「自己（事務職員）アピールツール」
> 　職員や保護者・地域、そして子どもにアピールするためのツール

4つの意義（詳細）

　「情報発信ツール」としての意義をもたせた事務室だより（職員向け）から始めてみましょう。給与や旅費、福利厚生にかかる情報の発信が取り組みやすいと考えます。その後、発信の対象を保護者や地域、子どもたちまで広げていくことが期待されます。学校財務や就学支援の情報提供、施設設備などは、発信対象者とつながりやすい学校事務領域です。

　「学び合いツール」も「情報発信ツール」に内包されるといえなくもありませんが、その違いを説明するなら「得た情報を整理して右から左へ発信するだけではなく、その情報を活用して『学び合う』きっかけをもたせ」ることや「自分の学びを深めることから始める」ことがあります（前掲書：11）。職員向けなら、研修報告がおすすめです。研修資料などを再度読み込んで、知識を再整理して事務室だよりにまとめてみましょう。就学支援制度の解説なら、保護者向けとしても使えます。施設設備を学びの生成リソースとして捉えるなら、生活科や総合的な学習の時間などとコラボレーションし、教材としての事務室だよりを生み出しましょう。

　「コミュニケーションツール」で大切なことは、情報のキャッチボールです（前掲書：13）。作成者からボール（情報）を投げて、読者から投げ返してもらえるようなクイズを企画したり、読者からのリクエストに答えた特集を組んだりすることもコミュニケーションです。ペーパー配付なら事務室近くにチラシストッカーを置いて広めること、ペーパーレスならウェブサイトにのせておくことだけでもコミュニケーションが深まることがあります。

　「自己（事務職員）アピールツール」としての意義は、存在感を示すことです。自分なりの学校事務観や事務職員の強みを示してみましょう。

【参考引用文献等】

●栁澤靖明（2023）『事務だよりの教科書』（学事出版）

第 1 節 情報の発信や管理

02 文書管理

文書管理とはなにかを学び
総務領域として事務職員がどのようにかかわり
他職種と連携していくことができるか、考えましょう。

公文書等の管理に関する法律

　まず、文書を管理しなければならない根拠をおさえておきましょう。

　2009（平成21）年に公文書等の管理に関する法律（以下、公文書管理法）[32]が成立し、2011（平成24）年に施行されました。公文書管理法には「行政文書の管理」という章が置かれ、文書の作成や整理、保存、廃棄などについて定められています。そして、第34条で地方自治体に「この法律の趣旨にのっとり、その保有する文書の適正な管理に関して必要な施策を策定し、及びこれを実施する」努力義務を課しています。

　このことにより、埼玉県文書管理規程や川口市教育局文書管理規程などが定められ、学校を対象とするものとして市立学校公文書管理規程のような教育委員会訓令もあります。公文書管理法は直接学校を拘束しませんが、その「趣旨にのっとり」制定された規程などにより、学校文書の管理（作成・整理・保存・廃棄など）が定められています。

---

[32]　「公文書等」を「国及び独立行政人等の諸活動や歴史的事実の記録」と定義し、「健全な民主主義の根幹を支える国民共有の知的資源」であり、「主権者である国民が主体的に利用し得るものであること」と説明されています（第１条）。

文書管理の具体

　第1章「04文部科学省と事務職員」でふれた文部科学省が示す「事務職員の標準的な職務」にも「文書管理に関すること」の内容とその例が書かれています（文科省通知）。そこには、「文書の収受・保存・廃棄事務」に加えて「校内諸規定の制定・改廃に関する事務」もあります。ほかにもファイリングなどの整理や発送手続きの事務、さらには文書の審査という仕事も含まれるでしょう。

　ここでは、文書の審査（起案された文書のチェック）について考えていきます。具体的には、校外に発信する文書の内容や文章の誤植、不適切な表現などをチェックする業務です（第3章「04情報の公開」や「05情報の保護」といった観点にも通じます）。

文書の審査

　文書の審査過程は、管理職が最終チェックする前に主幹教諭や教務主任が事前のチェックをしている場合が多いと思います。その審査ルートに事務職員が加わり、より複数の目で確認するという実践もききますが、人数が多ければよいということでもないでしょう。そこで提案したいのが分岐です。

　文書の種類によって、教務担当ルート（教育内容に深くかかわる文書）と事務職員ルート（一般的なお知らせや通知にあたる文書）に分岐することで、より精密なチェックができると考えます（教務担当の負担軽減も含む）。

【参考引用文献等】

●柳澤靖明（2020）「情報管理はルートの分岐を」教育新聞【働き方改革のキーパーソン⑼】

●柳澤靖明（2016）『本当の学校事務の話をしよう』（太郎次郎社エディタス）

第 1 節 情報の発信や管理

03 電子データの管理

学校は、さまざまな電子データを保有し、管理しています。
総務領域として事務職員がどのようにかかわり、
適切な管理を担うことができるのか考えましょう。

✏ 学校教育の情報化の推進に関する法律

　2019（令和元）年に学校教育の情報化の推進に関する法律が成立し、同年に施行されました。その基本理念のひとつに「情報通信技術を活用した学校事務の効率化」（第3条第4項）とあり、そのために「学校の教職員の研修」（第14条）や「学校事務に係る情報システムの構築」（第15条）の必要性があげられています。今後さらなる情報化の推進に向け、その活用（第1章「16 ICT・DX 化の意義と方法」参照）とあわせた電子データ（以下、データ）の管理も重要な仕事になってくるでしょう。

✏ 電子データの管理方法

　いま、政府は「国と自治体が利用する共通の基盤システム『政府クラウド（ガバメントクラウド）』計画」をすすめています[33]。各学校のデータ管理も

---

[33] 読売新聞「全国1800自治体の IT システム共通化へ、人手不足に対応…給付金や学校事務で」2024年5月27日（https://www.yomiuri.co.jp/economy/20240527-OYT1T50030/）LA2024.06.24

フロッピーディスクや USB メモリーという個人管理から、共有サーバーによる組織管理へと進展しています。さらに、クラウドサービスを利用している自治体も増えてきているようです。

　組織管理がすすむことで、喪失や流出などからは守られやすくなります。しかし、データを共有する（多くのひとが共通フォルダにアクセスする）ことでその管理が雑多になることは否めません。データファイルの作成が乱立されると、必要なデータにアクセスするだけでも苦労しますし、だれがつくったのか不明なデータを移動や消去することには躊躇してしまいます。

■✒ 電子データの交通整理

　たとえば、共有サーバー上のフォルダ整理があります。共有フォルダの整理には、校務分掌にそったデータフローが有効であると考えます。共有フォルダ直下に、校務分掌フローとあわせた教務部や総務部などの大項目フォルダをつくり、教務部のなかに授業計画や行事計画などの中項目、さらにそのなかにワークシートやアンケートシートなどを入れて整理していく方法です。この方法により、アクセスしたいデータの情報概念を大分類から捉えられるため、ある程度の交通整理が可能です。フォルダ内を検索することも可能ですが、ファイルタイトルの工夫（名づけかたの統一的約束など）は必須でしょう。

　一時保管フォルダなどをつくっておくことも有効です。それにより、一定期間が過ぎたファイルを強制的に整理することもできます。このように、事務職員はフォルダの保存状態が適切であるかを確認したり、整理したりするパトローラーとしての役割を担えると考えます。

【参考引用文献等】

●柳澤靖明（2020）「情報管理はルートの分岐を」教育新聞【働き方改革のキーパーソン(9)】

●柳澤靖明（2016）『本当の学校事務の話をしよう』（太郎次郎社エディタス）

第 1 節 情報の発信や管理

04 情報の公開

学校は、多くの公開対象とされる情報を保有しています。
総務領域として事務職員がどのようにかかわり、
適切な公開手続きを担うことができるのか考えましょう。

✒ 行政機関の保有する情報の公開に関する法律

　1999（平成11）年に行政機関の保有する情報の公開に関する法律が成立し、2001（平成13）年に施行されました[34]。この法律の目的は、「国民主権の理念」が冒頭に掲げられ、「行政文書の開示を請求する権利」を定め、「行政機関の保有する情報の一層の公開を図」ることで「政府」が「国民に説明する責務」をまっとうし、「公正で民主的な行政の推進に資する」ことです（第1条）。

　この法律において、行政機関とは学校も含まれ、行政文書とは「職員が職務上作成」「取得」した文書であり、「組織的」に利用・「保有」しているものをいいます（第2条）。そのため、学校でも教職員が職務上作成し、組織的に利用・保有している職員会議録や指導要録などといった文書が身近な公開の対象でしょう。

---

[34]　この法律の制定以前から各自治体で条例による情報公開制度は始まっていました。日本で最初に制定したのは、1982（昭和57）年の山形県金山町です。──参考：総務省ウェブサイト「情報公開制度」（https://www.soumu.go.jp/main_sosiki/gyoukan/kanri/jyohokokai/ ）LA:2024.07.19

 公開対象の文書

　学校への公開請求は、〈指導〉にかかわるものが多く、高校入試に関係するものはメジャーです（内申書などといった文書）。また、学校の意識形成過程を職員会議録から知るという目的もあるようです。定期テストの傾向と対策を分析する目的で、問題用紙が公開請求されるようなこともありました。入試にかかわる情報は、あらかじめ公開するような流れが定着してきていますが（オープン化）、職員会議録は逆に記録自体を簡素化することで公開性を抑止してきているように思えます（クローズ化）。

　事務職員が扱うような〈管理〉情報も対象です。たとえば、学校予算の編成や執行にかかわる文書が〈公開〉と決定されたこともあります。ほかにも事務職員が職務上作成し、組織的に利用・保有している情報はあるでしょう。

 学校予算の公開

　事務職員は、数百万〜数千万円の公費を執行する立場にいます。それは、住民から集めた税金を使っていると換言することができます。そのため、教材の購入にも説明責任がついてまわります。公開請求に耐えられるような情報の整理も必要です（いつ、だれと相談してどのように購入の意思決定をしたのかがわかる資料など）。また、学校予算に関しては、公開請求を待つのではなく、積極的な情報提供を心がけることも重要だと考えます。

　たとえば、学校だよりで購入した備品を紹介すること、それだけではなく事務室だよりではその使途や必要性なども同時発信していくことが求められるでしょう。

【参考引用文献等】

●柳澤靖明（2016）『本当の学校事務の話をしよう』（太郎次郎社エディタス）

第1節 情報の発信や管理

05 情報の保護

学校は、多くの個人情報を保有しています。
総務領域として事務職員がどのようにかかわり、
適切な個人情報保護を担うことができるのか考えましょう。

✒ 個人情報の保護に関する法律

　2003（平成15）年に個人情報の保護に関する法律が成立し、同年に施行されました[35]。この法律の目的は、「個人情報の適正な取扱い」に関する「施策の基本となる事項を定め」、自治体などの「責務等」「遵守すべき義務等」を定め、「個人の権利利益を保護すること」としています（第1条）。

　この法律において、個人情報とは「氏名、生年月日その他の記述等」により、「特定の個人を識別することができる」もの（第2条）であり、それは「個人の人格尊重の理念の下に慎重に取り扱われるべきもの」（第3条）とされています。学校では、クラス名簿（氏名）や連絡網（電話番号）、写真や動画（顔）などが身近に存在しています。家庭調査票などでは、子どもの家族にかかわる個人情報も含まれます。

---

[35]　この法律の制定以前から各自治体で条例による個人情報保護制度は始まっていました。そして、法律が施行されてからも自治体などには適用されず、都道府県や市区町村の条例によって保護されていました。ほとんどの自治体で条例を制定していたため、約2,000通りの規定や解釈が存在してしまい（いわゆる2000個問題）、それを解消するため、2022（令和4）年に法改正が実施され、自治体などにも適用されることになり、規程が一元化されました。

 個人情報の収集

　まず、収集すべき（しなければならない）情報を精査することも個人情報の保護につながります。たとえば、入学の前後に家庭の情報を家庭調査票などで収集します。多くの場合、氏名や住所、家族構成や保護者の勤務先、年齢まで書かせることもあります。学校はこれをマスター情報として、緊急時などに活用します。しかし、「保護者の年齢って必要ですか？」と会議で発言したところ、収集をやめることになりました。

　このように、情報の保護も大切ですが、収集すべき情報を制限したり、見直したりすることも必要です。

 個人情報の発信と管理

　情報発信と情報保護は相対する場合があります。たとえば、教育活動の写真や部活動の大会記録を学校だよりなどに掲載することはよくあります。これらは氏名や顔により「特定の個人を識別」ができるため個人情報であり、掲載には本人や保護者の承諾が必要です。また、紙媒体はOK、ウェブサイトはNOという場合もあるため、注意しなくてはなりません。各学校でその確認方法は異なると思います。年度当初の学校だよりに「掲載を望まない場合は連絡をください」——という黙示の意思確認も可能ではありますが、今後の問題回避、さらには「個人の権利利益を保護」する目的とするならば、全員から返事を確実に得るべきだと考えます。

　子どもや保護者だけではなく、教職員に対しても個人情報保護の観点は重要です。履歴書から給与明細、手当の確認書類なども同様と考えましょう。

【参考引用文献等】

●柳澤靖明（2016）『本当の学校事務の話をしよう』（太郎次郎社エディタス）

第2節 マネジメント

組織マネジメント

学校という組織で働く以上、その組織がめざす目標を
達成するための役割を認識する必要があります。
共通のビジョンをもつことが組織マネジメントの第一歩です。

✒ 学校における組織マネジメントとはなにか

　文部科学省によれば、学校における組織マネジメントとは「学校内外の能力・資源を開発・活用し、学校に関与する人たちのニーズに適応させながら、学校教育目標を達成していく過程（活動）」[36]と定義されています。ここでは、「チーム」とも置き換えられる職員が、組織のなかで目標達成のためになにができるのか、そのためになにが必要かを考えてみたいと思います。

✒ 組織のアップデート

　組織のなかでは、ひとが入れ替わっても継続していけるような働きかたが望まれるため、属人的な働きかたでは不十分でしょう。そして、その中身はその時々の課題に応じてアップデートしていく必要があります。そのために、組織にかかわるすべてのひとが、問題意識をもち、ある程度平準化された働きかたを身につける必要もあると感じています。

---

[36]　文部科学省「学校組織マネジメント研修—これからの校長・教頭等のために—（モデル・カリキュラム）」平成16年3月

また、「あたりまえを疑う」ということを積極的に行うべきでしょう。前年度踏襲が得意な学校ですが、どんなことも一度立ち止まって意義や目的を見直し、ときに大きく方向転換できる発想も必要です。それが組織を大きくアップデートしていくことにもつながるでしょう。

　そういった意味で、組織マネジメントは管理職だけの役割ではなく、すべての職員が意識する必要があります。

ともに成長する

　いま学校現場はひと不足であり、ベテランと若手の二極化もすすんでいます。そのなかで人財育成をどのようにすすめるかは各校の課題でしょう。仕事の中身にかかわらず、締め切りを守ること、ことばづかい、タイムマネジメントなどは、管理職や教員同士だけではなく、事務職員から伝えなければならないこともたくさんあります。同僚として、ともに成長していけることが組織の成長にもつながります。

キーワードは「気づき」

　組織をよりよくしていくために、わたしは「気づき」が大切だと思っています。マネジメントと力を入れて意識せずとも、学校で働くなかで、まず「これってどうなの？」と、気づく感覚が大切ではないでしょうか。そして、その働きかたやシステムに改善の余地があるならば、積極的に声をあげていきましょう。

　事務職員はともすれば、教育活動に関することだから、教員に関することだから——と発言を遠慮しがちですが、むしろ、立場が違うからこそいえる意見があります。それこそがチームとしての学校であり、組織マネジメントともいえるでしょう。

第2節 マネジメント

07 危機マネジメント

危機管理は管理職の仕事？
いいえ、そんなことはありません。
リスクを回避するには職員全員が意識することが重要です。

✒️ ヒヤリハット

　以前勤務していた学校の校長は、機会があるごとにハインリッヒの法則である、「ひとつの重大な事故の後ろには29の軽微な事故があり、さらにそのうしろには事故寸前だった300の異常がある」という話を引き合いに、どんな軽微なことでも、「ヒヤリハット」は見逃さないでほしい、と話されていました。いまもよく思い出すことばです。

　危機管理の第一は、いうまでもなくまずは事故を起こさないことでしょう。そのためには、あ、これ放っておいたら危ないな、と感じられることと、それをそのままにせず改善する行動が必要です。子どもの安全にかかわることはもちろん、体罰、情報の漏洩、金銭事故など、いわゆる教職員事故と呼ばれるものは特に、日ごろの勤務の状態と無関係ではないということです。職員室や共同スペースの整理整頓などを苦手とする教員は多いですが（事務職員の悩みあるあるですよね）、ゴミの出しかたが乱雑な地区は泥棒に入られやすいとか、割れ窓理論とか、とかく乱雑にしている場所はマイナスなことが起こりやすいです。また、服務管理が甘かったり、締め切りを守らなかったりという勤務態度もプラスに働くことはありえません。それらはヒヤリハ

ットの300の異常につながるものと置き換えていいでしょう。事務職員の立場からは、自身の働きかたを振り返ることはもちろん、職場環境を正していくことが巡り巡って危機管理への取組にもなることを知っておくといいと思います。

 「報連相」はやっぱり大事

使い古されたことばではありますが、報告・連絡・相談はやはり働くうえで大切なことです。なんでもかんでも伝えればいいということではありませんし、相談しなければなにもできないというのでは困りますが、こと危機管理に関していえば、情報を共有することが最優先となります。後から新しい情報がでてきたことで、初期対応の方向を間違うということもあるからです。日ごろから職場内で話しやすい環境をつくっておくことも、マネジメントのひとつです。

 優先すべきことを間違えない

いざ事故（ミス）が起こってしまったとき、どう対応するかも危機管理の重要な観点です。なぜなら事故を100％防ぐことは不可能だからです。起こった事故の内容にもよりますが、まずは報告です。自分以外の職員が起こしたことであっても、情報が入り次第報告しましょう。そして、事故を最小限に食い止めるためにまずなにをすべきか、どこまで事務職員がフォロー可能か、それは単独でできることなのか、複数対応が必要かなど管理職を中心に検討することになります。このとき、一番大切なこと、優先すべきことはなにかを見誤ってはいけません。ときに優先されるべきことのために、本来ならルールに反することになってしまうこともあるかもしれません。それを判断するのはもちろん管理職ですが、そうなった場合に「後の責任はわたしがとる！」と断言しリーダーシップを発揮してくれる管理職なら最高ですね。

08 時間マネジメント

わたしたちの仕事は教員と異なり、
比較的自分自身のペースですすめることができます。
だからこそのタイムマネジメント——意識していますか？

✒ 締め切りに追われない

　学校は、4月から始まり3月で終わる「年度」というサイクルでまわって
います。そのなかで、この時期はこの仕事というおおよその年間のルーティ
ンがあるものは、予測を立てて仕事をすすめることが可能です。

　わたしたちの仕事は、校内で完結すること、所属する市町村や都道府県に
関係する仕事（政令市を除く）などにわけることができます。どの仕事も、
いつ頃までにやるというゴールが決まっていますが、特に市町村や都道府県
からの業務は、報告や提出などの締め切り日がはっきり提示されています。
あらかじめ定められた方法で期日に間に合うように仕事をするわけですが、
毎年の仕事であれば、指示が来ないうちからでも準備可能なことはしておき、
すぐに対応できるようにしておきます（たとえば、教科書給与事務など）。
また、締め切りが1か月先でも、いまやれることであれば即終わらせます。
やることリストをつくり、眺めているより終わらせてしまうほうがいいです
よね。それに、だれしも具合が悪くなったり、突発的なトラブルが起きたり
してお休みをとらざるをえない状況になる可能性があります。今日締め切り
の仕事があるからどうしても休めない——などということは極力なしにしま

しょう。それこそ2・3日休んだってだいじょうぶ、くらいの心の余裕をもちたいものです。

✒ その日のゴールを決める

　わたしは年間を通して、時間外勤務は0に近いです。繁忙期といわれる年度末から年度当初も定時に帰っています。これは、長男を出産し、育休明けに働きかたを変えてからずっと続いていることです。それまでは、定時を過ぎてもなんとなく1・2時間仕事を続けることもありました。しかし、子育ては待ったなし。定時で帰らないと息子が保育園から帰ってきます（お迎えは夫）。その後は、夕飯やお風呂、洗濯、明日の保育園の準備など、怒涛のルーティンが待っています。オンオフをしっかり切り替えないとやっていられないため、定時で帰ることが絶対でした。

　そのためにはとにかく時間を無駄にしない。その日にやることを明確にし、先伸ばしせず（これ大事）、定時の30分前になったら、時間がかかりそうな仕事はしない。ゴールを定時に設定し、そこへ向かって毎日走るイメージでした。でも、意外と隙間時間ってあるものです。もちろん休憩も大事ですが、その隙間をじょうずに使うだけで、仕事の効率もスピードもあがりました。仕事の量は年々増えているし、そこまで急いで帰る必要もなくなりましたが、この働きかたはいまも変わりません。限られた時間でやるべき仕事をするということは、なにも特別なことではないはずです。時間外ありきで仕事をしているひとは、一度その業務内容と自分自身の働きかたを振り返る必要があるでしょう。コスト意識をもつ＝時間単価を意識して仕事をすることは、教員を含め、公務員であるわたしたちに足りない部分かもしれません。

　とはいえ、365日忙しいわけではありません。1日のなかで職員と話している時間が一番多かった、なんていう日もよくあります。そんな日が無駄かといえば、そうではありません。ようは緩急つけて、自分自身をマネジメントしていきましょう、という話です。

09 電話マネジメント

電話対応業務をどう考えていますか？
電話番のため、学校行事は留守番するという話を
よくききますが、それは価値のある留守番になっていますか？

✒ 電話対応の大前提

　電話対応は接遇のひとつで、初任者研修などで学んだひとも多いかもしれません。ですが、学校内では意外と電話対応がしっかりできていない場面に多々遭遇します。

　その一番は敬語の使いかたです。自校の職員には、たとえ校長でも敬語は使わないのは常識ですが、「校長先生はいま席を外されています」なんて目のまえで答えているのをみるときもあります。また、長く保留にすることもNG です。見当たらなければ待ってもらえるか、かけ直すかの確認が必要です。メモを残すときは、要件や受信者、日時を明記します。もし、自分がメモを残された側であれば、受けてくれたひとに確認した旨を伝えます。どれもあたりまえのことですが、意外とできていないひとのほうが多いのはわたしのまわりだけですかね？

✒ 相手による対応

　わたしの感覚だと、学校にかかってくる電話で多いのは、1番に教育委員

会教育局（または他校の教職員）、2保護者、3取引のある業者、4勧誘、5地域住民という感じでしょうか。4については、取り次いでしまってから実は……というケースもありますが、電話先の相手が呼び出す職員の名前を知らず、要件がはっきりしない場合は、「どのようなご要件ですか？」とうかがってもいいでしょう。5の場合は、クレームであったり、ときに子どもたちを褒めていただいたり、行事の問い合わせなどのこともあります。

特に、クレームの場合は管理職にかわってもらうのが得策です。管理職不在の場合はその旨を伝え、大体のお話をうかがったうえで、可能な対応を示します。念のため連絡先もうかがいましょう。クレームの場合はだいたいが匿名なので、教えていただけないことも多いですが……。

2の保護者の場合、お休みの連絡や日程の確認、担任や部活動の顧問と話したい、などなど内容も多岐にわたります。授業中などで電話をつなげないことも多くあるため、急用であるかどうかを確認のうえ、こちらからかけ直すか、もう一度かけていただく場合は、つながりやすい時間をお伝えします（授業の空き時間や放課後）。

学校の情報を把握しておく

相手がだれであっても、学校のことを問われた場合、ある程度その場で回答できることが望ましいです。日々の日程や行事については当然ですが、校内での決まりごとやお願いごとなどもあるでしょう。そのたびになんでも管理職に確認するのでは、電話口の相手や管理職の時間を使うことにもなります。問い合わせの中身によっては自分で判断できることもあるはずです。そのためには、日ごろから常に学校の情報を把握しておくことと、学校の行事や約束事がどのような方針で決められているのか、その方向性を理解しておくことが大切です。

たかが電話ですが、その印象が学校の印象を左右します。電話番をするなら、ぜひ、あなたでなくてはできない（価値ある）電話番になりましょう。

10 来客マネジメント

学校には、自治体職員のほか納品業者や地域住民などいろいろな人が訪れます。そのなかでもっとも多いのが保護者かもしれません。受付は学校の顔であり大切な仕事のひとつです。

✎ こちらから声をかける必要性

　学校は、わたしたちが想像する以上に保護者にとってハードルが高いところです。玄関に入ってきてもだれに声をかけてよいのかわからずにいることも多いです。みかけたらかならずこちらから声をかけましょう。これは保護者に限らず、来校者には必要です。それが不審者対応にもつながるからです。その際、すでにだれかが対応していることもあるので、「(だれかが要件を)おうかがいしていますか?」と声をかけます。突然、要件を問うよりも声をかけやすいと思います。そして、要件によって必要なところへつなぎます。

　ここまでは、事務職員ではなくとも、だれにでもできます。事務職員だからできる対応として、いま学校で起きていることを情報としてしっかりもっているということが大切です。たとえば、体調が悪く迎えに来たのなら、事前に保健室との連携がとれていれば名前をきいただけで案内できます。また、不登校や生徒指導にかかわることで来校したのであれば、担当を呼ぶことができます。特に大切なのは、学校が呼び出した場合です。どのような用件であっても、学校側がお願いし、来ていただいた場合、その担当が玄関で待っているのが本来です。しかし、さまざまな業務の合間で難しいこともあるで

しょう。そのようなことからも、どこからかの来校があるときはかならず事務職員に連絡するようになっていれば、保護者が来校したときに「おうかがいしています」とスムーズに対応することができます。これは、事務職員だけが気をつけることではなく、学校全体で気をつけておかなければならないことでもあります。

✒ 外国籍の保護者対応

　最近は、海外にルーツをもつ子どもたちも増えてきました。その場合、保護者は外国籍であることが多く、日本語が不自由であることもあります。日本語が不自由な場合、電話によるやりとりは難しいため、突然来校してくることもあるでしょう。日本語が不自由なために、行き違いも起こりやすくなります。保護者がどのような用件で来校しているのか、できる限りていねいに対応しましょう。

　対応方法のひとつとして、いまは便利な翻訳アプリがたくさんあります。公費で翻訳できる機器を用意できるのがベストですが、保護者がなにかしらのアプリを使っていることも多いので、それらを使ってやりとりすることも可能でしょう。文化の違いから、こちらがあたりまえに考えているようなことも説明が必要な場合があります。外国籍の保護者に限ったことではありませんが、相手がなにを求めているのか、しっかり確認をし、今後の対応につなげることを忘れてはいけません。

　保護者は学校に来たとき、最初にどのような対応をされたのか、鮮明に覚えているものです。そのときの印象が学校の印象につながります。学校側がそのつもりがなくても、忙しさを優先し、雑な対応をしてしまっては、学校全体の印象にかかわってくるといっても大げさではありません。教育委員会事務局の職員や他校の管理職への対応を重要視しているような雰囲気が学校にはありますが、一番大切な対応が求められるのは保護者であることを忘れてはいけません。

11 人事事務

採用されて最初にする仕事が人事事務かもしれません。
学校は毎年ほぼかならず職員の異動があります。
それに伴う事務が人事事務です。

▶ 年度当初の事務

　すでに第2章「01 1学期の業務」でも書いていますが、4月になると年度がかわり、職員が入れ替わります。所属と職員番号のひもづけは、任命権者側のシステムで行います。学校では、所属を異動することで変更となる情報を確認し、それに基づき必要な手続きを行います。

　新採用で異動前の情報がない場合は、氏名や住所、生年月日などから確認します。そのほか、通勤方法や家族構成などから支給となる手当があれば、その手続きも行います。それ以外の職員についても年度がかわるタイミングで家族の状況が変わることもあるので、このタイミングでかならず確認を行います（たとえば、扶養している子どもが就職するなど）。

　これらの情報収集のしかたですが、その都度そのひとに応じて確認していくのは手間であり、漏れも生じやすいため、あらかじめ必要書類を用意できるようなチェックリストや、フローチャートを作成しておくことをおすすめします。もちろん自分でつくってもよいですが、共同学校事務室（共同実施）などで情報を共有し、その都度バージョンアップさせていくことで、より仕事がスムーズになります。報告の方法は自治体によってさまざまだと思

いますが、締め切りがある仕事です。ギリギリの作業にならないよう、余裕をもって取り組むことが肝要です。

 年度末の事務

　年度途中に人事事務が発生することもありますが、多くは年度当初の次は年度末でしょう。ここでは、退職者を含め、所属を異動する職員の事務処理を行います。校務支援システムが導入されている自治体では、以前ほど紙による情報での引継ぎは減ってきているかもしれませんが、わたしが所属する自治体では、服務に関するもの以外はまだ紙が主流です。これらを次の所属へ引き継ぐため、異動書類のリストをもとに、必要書類を準備することになります。年度のタイミングで手当の変更がわかっている場合は、次の所属校への引継ぎも忘れずに行います。退職者がいる場合は、退職手当の手続きも必要になります。

　人事事務はスケジュールがタイトなだけで、それほど難しいことはありません。一番大切なのは見通しと余裕をもって事務にあたることでしょう。

 情報の管理

　人事事務では、職員の個人情報を多く取り扱います。また、近年ではいわゆるマイナンバーという特定個人情報も扱うなど、その管理には細心の注意が必要です。履歴書は、データ化されているところも増えていると思われますが、紙媒体の場合は、その保管方法なども適切に行いましょう。

　すべての仕事が終わっていないからといって、机上に積みっぱなしにしたり、施錠できない引き出しに入れておいたりすることはやめましょう。年度末年度当初は、通知文書も多くなります。書類を雑多にしていると、紛失や必要書類を探す時間がかかるなどのリスクも高まります。忙しいときほど整理整頓を心がけましょう。

第3節 人事、給与や旅費、福利厚生

12 給与事務

人事事務の次は、例月の給与事務です。
電算化されて久しいですが、
年間を通してなにかと事例があるのがこの給与事務です。

✒ 職員からの申告

　人事情報をシステムに登録しただけでも給与は支払われます。ですが、実際はそれだけではなく、ひとりひとりにはそれぞれの生活があるので、ライフステージによって報告が必要です（たとえば、転居や結婚、休職や介護休業など……）。これらは、本人からの申告があって初めて手続きが開始されます。上記のような報告が必要になった場合、すみやかに事務職員へ（もちろん管理職にも）申し出てもらわなければなりませんが、そのためには、職員に給与諸手当について理解してもらう必要があります。

　具体的には、手当の概要が載ったリーフレットの配付や、事務室だよりなどでの定期的な呼びかけなどでしょうか。なにも難しいことはありません。自身の環境が変わった際には事務職員へ連絡をする、ということができるようになればじゅうぶんです。

✒ 習慣化と優先順位

　手当のなかには実績を伴うものもあります。いわゆる主任手当や部活動手

当などがそれにあたります。実績簿の提出や服務の整理など、日ごろから習慣づけておくことが重要です。次ページの旅費事務もそうですが、職員ひとりひとりがするべき処理が終わっていて初めて、事務職員の仕事（請求や報告）にとりかかることができます。

　忙しさのなかで、職員自身の事務処理が二の次三の次という話もよくききますが、仕事の優先順位として相手のある仕事から行うというのは大切なことです。決められたことを期日までに行うことを苦手とする職員は多いですが、そのたびに本来は本人がやることまで事務職員がやってあげたり、締め切りを過ぎてもいつまでも待ってあげたりということを繰り返していては、キリがありません。そのような事務処理を肩代わりしてあげることが負担軽減と考えていませんか？　学校はよくも悪くも突発的なことが多く起こります。だからこそ、お互い日々の仕事を後回しにせず、整理しておくことが大切なのです。事務職員は秘書でもお母さんでもありませんし、教員の「縁の下の力持ち」でもありません。

✒ セルフチェックを怠らない

　給与明細が出力されたら、報告内容が正しく給与に反映されているかをその都度かならず確認しましょう。万が一入力ミスなどで間違った支給があったとしても、翌月すぐに訂正することができるからです。ミスはないにこしたことはないですが、ひとのやることなので100％完璧にすることは難しいですよね。それよりも、ミスをしてもそれをいかに早くカバーできるかが重要です。共同学校事務室（共同実施）でそれらのチェックを行っているところも多いと思いますが、ひと任せにせず、まずは自分の仕事は自分でカバーすることが大切です。また、時間をかけてチェックすればミスは減りますが、給与事務は完璧にできることが基本であり、それ以上でも以下でもありません。給与事務は基本ルーティンな作業です。限られた時間で仕事をすすめていくために効率よくすすめられる工夫をしましょう。

第3節 人事、給与や旅費、福利厚生

13 旅費事務

旅費事務もまた、例月の事務です。
学校を離れて勤務する場合、それに伴った旅費について
支払い元の規程により旅費を計算するのがおもな仕事です。

✒ 旅行命令とは

　学校の出張は、校長など（旅行命令権者）からの命令があって、初めて行われます。仕事上であっても、勤務中に勝手に外出することはできません。命令された職員は、決裁を受けた交通手段により出張先へ出向き用務を遂行します。出張の結果を復命という形で校長へ報告し、完結します。

✒ 執行計画と執行状況の確認

　旅費は年度ごとに自治体から予算配当されます。旅費のでない出張を命じることはできないため、途中で足りないということにならないためにも、大まかな執行計画を立てておく必要があります。修学旅行や臨海（林間）学校などの校外活動の引率旅費は、教員の引率人数によって金額が大きく変わるため、あらかじめ確認しておく必要があるでしょう。また、都道府県外への研修へ参加する場合は、開催地や宿泊の有無なども確認しておきます。
　最近は、会議や研修において、オンラインで行われるものも増えてきたため、旅費予算自体は縮小される傾向かもしれません。反対に、部活動やクラ

ブの大会やコンクールなど、勝ちすすむことで旅費が必要となることもあるでしょう。なんらかの事情で旅費が足りなくなりそうだからと、旅費事務の担当である事務職員が旅費節約のために悉皆ではない研修会には参加しない、というのは間違っています。本当に必要な旅費や、増額申請などの手段で、追加配当が望める場合もあります。そのためにも、いまどこまで旅費を執行しているのか、年度末までどれくらいあれば足りるのかなどを管理職と情報共有し、その情報に基づいた旅行命令をお願いしましょう。

✒ 旅費請求

　実際の請求事務として、事務職員は職員の出張に対して、規程により交通費や日当を計算します。日当の有無や交通費が実費か定額かなどは、自治体により異なると思われますが、一度覚えてしまえば規程が変わるまで計算方法は同じです。本人からシステムへの発生源入力でなければ、基本は月末にその月の全員分の旅費を計算し、報告することになるでしょう。請求に必要な書類（システムの場合は申告）がそろっているのかの確認や、請求書の作成はいつから始めるのか、などをどのタイミングで行うのか、自分なりのルーティンを決めておくといいでしょう。

　空いた時間に少しずつすすめるという方法もありますが、わたしはひとつの仕事がいつまでも完結せずにあることが苦手なので、月末に未処理の職員へ声かけをし、月初めにすべてがそろった状態で請求書を作成しています。修学旅行など煩雑な請求がある月以外は、確認・声かけ・請求書作成のすべての時間を足しても、1日を超えることはありません。

　旅費事務も給与事務と同様、優れた実践というものは存在しません。いかに時間をかけずに仕事を終わらせるかが重要でしょう。手計算であれば、よく使う経路をまとめるなど早見表的な資料を工夫することで、仕事の効率もあがります。つくるときに少々時間がかかっても、あとの作業が楽になるのであれば、取り入れてみるのもひとつの手法です。

14 福利事務

ここでの福利事務とは、おもに公立学校共済組合の事務です。
福利は労働条件のひとつです。
保険や年金など、教員が苦手とするものが多いです。

✒ 健康保険証の事務

　日本では、国民皆保険といって、国民全員がなんらかの公的健康保険制度に加入することになっています。その種類は、市町村国保、協会けんぽ、組合健保などいくつかありますが、ほとんどの学校職員はそのなかのひとつ、学校共済組合に加入します。採用時、それ以前に加入していた保険制度から共済組合に加入する手続きは、異動事務とあわせて事務職員が行います。

　また、年度の途中で起こる被扶養者の増減の手続きや住所変更なども同様です。共済組合が示す必要書類を確認し、該当の職員に提出を求めます。ケースによって必要書類が異なるため、職員が二度手間にならないよう、確認のうえ、リストなどわかりやすい形にして伝えるといいでしょう。その際、事実発生日を著しく過ぎての報告は、理由書が必要な場合もあります。職員には期限もあわせて伝えましょう。

✒ 年金事務

　こちらも国民皆年金制度により、20歳から原則60歳未満まですべての国民

が加入する国民年金（基礎年金）と、会社員・公務員が加入する厚生年金の2種類があり、2階建て構造と呼ばれています。わたしたち学校職員は公務員なので、国民年金と厚生年金の2つの年金制度に加入しています。かつては公務員の公的年金は共済年金でしたが、年金の一元化によりいまは厚生年金に加入しています。国民年金加入者を1号被保険者と呼ぶのに対し、2号被保険者と呼ばれます。また、2号被保険者の被扶養者は3号被保険者と呼ばれ、2号被保険者の事業所、この場合は学校で手続きを行う必要があります。

　年金事務は、この加入のタイミングと職員が退職するときや年金が支給される年齢の前に発生します。退職時は学校を経由して担当課へ提出しますが、支給の際は、必要書類は直接職員の自宅に届くため、原則本人が行います。——とはいっても、職員が在職中の場合、記入のしかたなどがわからないなどの理由で事務職員へもってくることがほとんどでしょう。そのときは、嫌がらず相談にのってあげてください。

▶ 保険事務

　保険にかかわる手続きも福利事務です。基本は団体保険といって、学校が窓口になり募集や手続きを行います。掛け金を給与から天引きで支払うことができたり、団体割引が適用されたりというメリットがあります。昨今では、保険会社や保険の種類も多様化しており、スマホを乗り換えるように保険も見直し、短いスパンでより新しい制度の保険に掛けかえていく方法もあるようです。そういう意味では団体保険がもっとも得であるという時代は終わったように思います。

　ですが、保険はあくまでも、なにかあったときの「保険」にすぎません。募集や手続きは行いますが、どのような保険に加入するかは、個人の価値観により異なります。アドバイスはしても、決めるのはあくまでも本人であるというスタンスは守っておきたいですね。

第3節 人事、給与や旅費、福利厚生

15 厚生事務

福利厚生の厚生ときいてなにを思い浮かべますか？
扶養手当や交通費支給も広い意味で法定外福利ですが
ここでは、職員の健康促進にフォーカスしてみます。

✒ さまざまな補助金

　わたしたちが共済組合や互助会に払っている掛け金は、先に紹介した健康保険や年金などに使われていますが、それ以外にも自治体により補助金やレクリエーション企画などの費用にあてられています。

　宿泊の補助やインフルエンザなどの予防接種補助、人間ドックなどの健康診断の補助のほか、最近では「婚活事業」も目立ってきました。これらは、無料もしくは正規の金額から割引された額で利用できるものが多いです。利用は義務ではありませんが、せっかく掛け金を支払っているのであれば、積極的に利用してもらいたいですよね。以前は自治体の担当課が窓口でしたが、民間委託されているケースも多くみられます。その場合は登録や申し込みも本人申請になるため、事務職員の仕事の中心は情報提供になるでしょう。

　その方法も、冊子の回覧からウェブサイトへ直接アクセスすることが増えてきました。校内の電子掲示板やメールなどを活用するほか、事務室だよりなどでおすすめの情報をピックアップしてみるのもおすすめです。「知らなかったから利用できなかった」とならないよう、目にみえる形の情報提供が望ましいでしょう。

親睦会をサポート

　ほとんどの学校では、その学校の職員で構成する親睦会があるのではないでしょうか。呼びかたは親和会や睦会、○○会などそれぞれです。こちらは校内で規約をつくり、それにそって事業を計画し必要経費を会費として集金、という形が多いかもしれません。

　お金がかかわることなので、当然会計担当が必要になります。集金・支払い・決算・返金など、教員のみで行っていると驚くほどずさんな会計処理に出会うことがあります。過去には、職員による親睦会費の使い込みがニュースになったこともあり、親睦会だからと適当にするのは危険すぎますね。わたしもいつの頃からか、会計を含む親睦会全体のご意見番的な立場になってしまい、会計も管理しています。

　親睦会の担当は校務分掌に位置づけられていることも多く、業務か業務外か線引きが難しい部分もあります。離任式などの学校行事と絡む支出もあったり、職員の飲むお茶を公費で購入していた学校では親睦会からの支出に変更したり、事務職員の手腕を発揮できる部分でもあります。最近わたしの学校ではウォーターサーバーを契約し、職員から大変好評を博しています（みんな自分で払っているんですけどね）。

厚生とは

　コロナ禍を境に、職員旅行やレクリエーション企画をやめたというところも多いのではないでしょうか。勤務時間外に職場のひとと過ごすということに対する価値観も変わってきているように感じます。厚生ということばには生活を豊かにするという意味があります。職場での生活を豊かにするために、少し業務外になっても、ちょっとした心づかいができるような、あたたかい職場をめざしたいですね。

家庭向け「事務室だより」

本校では、学期ごとに（年3回）「事務室だより」を家庭（保護者と子ども）へ届けている（配信）。

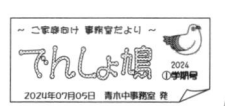

第 4 章

財務領域の仕事術

第1節 学校財務マネジメント

公費の予算編成

学校で扱うお金は、大きくわけて公費と私費があります。
財務は PDCA サイクルにのせてマネジメントすることが大切です。ここでは予算編成（Plan）について考えていきます。

予算編成に向けた資料

　公費予算の令達において、前年度にヒアリングを行い、学校の要望に応じてくれる自治体もあれば、学級割児童生徒数割などをもとにあてがいぶちの自治体もあります。また、その中身についても、流用ができるのかできないのか、など運用はさまざまです。しかし、令達された予算内でその年度に必要なものを購入していくことには変わりありません。そのためには、どんなことにどれだけの予算が必要なのかという見通しを立てる必要があります。それには、まず基礎となる過去の実績が重要です。

　経常経費は、それをもとに編成します。——もとにとはいいましたが、かならずしも同額を予算化する必要はありません。前年度の実績においてムダはなかったのか、減らしたり増やしたりする部分、新たな費用に割り振る部分などを調整しながら行います。そういう意味では、PDCA サイクルとはいっても、P の予算編成からスタートするのではなく、C からのサイクリングが必要です。前年度の C（Check：振り返り）が行われていない場合は、執行（Do）にかかる資料を参照し、わかる範囲で前年度の執行状況を把握しましょう。

■☞ 学校経営方針と校内でのヒアリング

　前年度までの執行状況とは別に、自校の学校経営方針を予算に反映させる手立ても必要です。年度当初、校長が示す学校教育目標の実現に向けた経営方針や重点目標などから、その年度で特に予算を必要とするものがあれば、それを優先に予算を立てます。

　また、教科・領域で必要な予算は、要望をもとに調整します。その場合、要望したものがすべて購入できないこともあるので、優先順位をつけてもらうことも忘れずに伝えます。特に新しいものを購入する必要がある場合は、予算が増額されていない限り、いまある予算内で振り分けることになるため、必然的になにを減らすかを考えなくてはならないこともあるでしょう。このとき、足りないからといって安易に私費に頼るという方向に流れることがないよう、教科・領域間の調整やランニングコストの見直しのほか、節減できるもの、急ぎではないものなどの調整が必要となります。もちろん事務職員ひとりで考えるのではなく、予算委員会を開催したり、管理職と相談したりしながら、決定します。また、年度途中で急に必要なものがでてくることもあるかもしれません。予備費を公費で予算化しておくことで、急な要望にも対応することができます。

■☞ 年間の予算を共有する

　令達予算を職員に共有するのはもちろんのこと、学校独自に立てた年間の予算を執行計画として共有します。予算委員会、企画会議を経て、職員会議に提示するという流れが一般的かもしれません。あわせて、財務担当者として重点的に配当した部分の理由や、節減を求めるのであれば、その目標値、公費を執行するうえでのルールなど、年間を通して共有しておくべきことも話しておきましょう。

02 公費の執行方法と管理

予算編成の次は執行です。その方法を確認しましょう。
だれかからいわれたものを注文することの繰り返しでは、
管理していることにはなりません。

執行の手順

　自治体により、学校の権限に違いはありますが（支出負担行為権限の有無やその金額など）、校内で物品購入（予算執行）などにかかるルールを確認しておきましょう。

　学校全体で使う用紙や文房具類は、事務職員が在庫管理をしていると思いますので、定期的な確認により発注ができるでしょう。それ以外の教科・領域で使用する消耗品などについては、要望にそって複数の業者へ見積もりを依頼し、できる限りまとめて発注します。行事に必要な物品はその企画にあわせて、かならず予算面の提案もしてもらうことを徹底しましょう。その提案に基づき担当者と確認しながら必要な物品をそろえます。

　当初の予定になかったものを購入する場合、まず予算内で収まるかの確認が必要です。その時点で予算に余裕があったとしても、年度末までに購入が必須なものがある場合は、そこまで見越したうえで執行できるかを確認しましょう。安価なものは問題ないですが、少し高額になったり数が多かったりするものは、予備費で対応できるかがポイントとなります。優先順位によっては購入を予定していたものをやめる判断も必要です。

 「○日前」ルール

　いまは便利なカタログ通販もあるため、発注から納品までそれほど日数を要しないことも多いです。しかしながら、専門業者しか扱わないようなものは、在庫の状況や配送の問題から、すぐに届かないこともあります。どうしても——という場合は、業者に無理をきいてもらうこともあるでしょうが、原則その物品を使用する3日前、わたしは数が多かったり普段使わなかったりするものは、1週間前には連絡するよう徹底しています。

　授業優先なのはもちろんですが、要望が遅くなったらときには「明日その授業はできません」ということもあっていいと思っています。いつでも無理がきくという感覚は捨ててもらいましょう。また、カタログ通販の場合でも、可能な限りある程度まとまった量で注文しましょう。学校が負担していないだけで、輸送コストがかかっていることを忘れずに——。

 執行の管理と情報共有

　発注、納品そして検品の後は支払いです。手順は自治体により異なるため省略しますが、最低限の執行データは残しておきましょう。次年度に向けて活用ができるよう、自校にあわせた分類をしておくと便利です。たとえば、消耗品費という細節でフィルタをかけるより、消耗品費をさらに細々節に分解し、用紙代やインク代などと分類します。またそれらの執行状況を、定期的に職員と共有し、節減などの注意事項があれば、エビデンスをもとに説明します。わたしは、職員会議のたびに「財務だより」を発行し、共有しています。常に公費予算をみえる状態にしておくことで、教育活動に必要な「学校のお金」の現状把握ができ、職員の意識も高まります。なにより、事務職員が好き勝手に物品を買っているんじゃない、というアピールにもつながるでしょう。

第1節 学校財務マネジメント

03 公費の決算と評価・改善

年度末には公費の決算を行います。
また、決算とあわせて評価（振り返り）も行いましょう。
すべての支払いが終わったら「終わり」ではないのです。

決算報告の共有

　決算の前に……、その年度の公費をしっかり使い切れていますか？　もちろん足りなくなってもいけません。年度末には次年度当初すぐに使用するものなども見越して準備できるといいでしょう。

　すべての執行が終わったら、あらかじめ振り分けていた予算費目ごとに執行額を確認し、年度当初の予算と照らし合わせて、その編成が適正であったのかを自ら評価します。そのなかで著しく補正せざるをえなかったものがあれば次年度の課題としましょう。決算報告自体は定期的に行ってきた執行状況の延長でかまいません。次に説明する評価とあわせて、職員に対してその年度の決算報告をします。

公費執行の評価

　評価には、学校評価制度を利用した財務全体の総合的な評価と、購入物品ひとつひとつについて実施する個別的な評価が考えられます。

　まずは総合的な評価です。学校評価の職員アンケート項目に、財務の設問

を加え、その結果を総合的な評価とします。このアンケートは年度末を待たずに行われますが、個別的な評価も3学期中に行います。

　個別的な評価は私費の評価とあわせて行います。年度内に購入したすべての物品を教科・領域にわけ、各担当が評価します。評価の観点はふたつあります。ひとつは費用対効果について、もうひとつは引継ぎの検証です。今年度使用した結果を振り返り、次年度の見通しを立てることは次年度の予算編成にも大きくかかわることです。特に、備品については額も大きくなり、予算の都合上要望すれば買えるとも限らないため、財務担当者の事務職員にとってもこの段階である程度要望を確認しておくことは重要です。

　わたしがこの評価システムを始めた頃は、すべての物品に対して「効果あり」「次年度も使用する」としてくる担当もいました。しかしながら、それはこちら側が評価のポイントをうまく伝えられていなかったり、この評価がどのように次年度の改善につながるかが想像できなかったりしていたためだと感じています。提案するときには、評価することの意味を理解してもらうことも大切でしょう。

✒ 課題と改善

　職員から出された評価結果をもとに、課題となっていることがあるのかを確認します。現状がベストということはほとんどありません。特にいままでこの振り返りを行ってこなかったのなら、なおさらです。職員からでてきたたくさんの評価コメントから、まずは改善する必要があるものを確認します。でてきた意見すべて改善が必要というわけではありません。その検討も含めて予算委員会、企画会議を経て全体へ報告を行います。課題に対しての改善の提案のほか、次年度の要望がでていたものに対しては、その共有もしておきます。次年度に異動などで職員が入れ替わった場合でも、前年度からでていた課題については今年度の確認事項とすることができます。次年度は、これらの課題の改善策を盛り込んだ予算編成を行いましょう。

04 私費の予算編成

公費と同様、私費についても年度当初に予算編成を行います。公費と私費両方あわせて学校運営予算です。どちらか片方ではなく両方に携わることで全体を調整することができます。

私費ありきで考えない

私費の予算編成は、公費とは異なり金額に上限がありません。そのため、ともすれば欲しいものはなんでも買える、という感覚に陥りがちです。年度当初に必要な教材を検討するときに、公費と私費それぞれで購入したいものをあげるのではなく、まずは公費で購入できないか、その教材でなくてはならないのかなどの視点から検討する必要があります。私費ありきで考えないことがスタート地点であることを認識したうえで、私費に頼らざるをえない教材を選定してもらいます。このとき、基本となるのは学校の年間指導計画です。その単元で必要な教材を検討するところまでが授業計画です。

提案するときには、あわせて前年度にでていた課題や改善方策も確認します。人事異動でひとが入れ替わったときは、最小限の検討を再度行います。

要望の集約

教科・領域からの要望は、公費私費ともに事務職員へ提出してもらいます。要望提出にあわせて担当者とヒアリングを行います。ヒアリングでは、公費

については見積もりをとるため、物品の指定の有無や優先順位などを確認します。私費については、前年度にでていた課題や改善方策について検討されているか、公費で支出できるものはないか、ワークなどの選定量は適正かなどを確認します。

　特に保護者負担軽減に取り組むうえでは、このヒアリングのタイミングが一番重要です。でてきたものすべてを右から左へ流すのではなく、保護者の納得が得られる内容であるのか、金銭面で大きな負担がないか、など保護者の目線で考えることが大切です。

予算の決定と通知

　ヒアリングによる調整ののち、校長の決裁を受け、保護者に対し購入予定物品と年間の集金額、何回かにわけて集金する場合はその予定も示す必要があります。このとき、学年だよりなどの一部としてのせるのではなく、補助教材費の予算書として文書を作成します。

　ひとつひとつの教材については金額がはっきりしていますが、図画工作や美術科の材料費など、全員共通で使用する消耗品も多くあります。これらは可能な限り公費での支出が望ましいです。また材料費などという予算の方法は、購入物品の中身がわからなくなるため詳細を明らかにし、それぞれを予算化します。

　また、やってしまいがちなのが「予備費」の予算化です。〇〇会費などと違い、私費については、使用が決まっているものについての購入をお願いするべきであり、「足りなくなった」「急に必要になった」などの理由による購入は避けます。「予備費がないと不安」という声もきこえてきそうですが、あくまでもあらかじめ保護者へ示したものしか購入できない、というルールを学校全体で理解しておくことが必要です。どうしても購入が必要になった場合でも、公費で対応する、別のもので代用するなどの方法を考えましょう。

第1節 学校財務マネジメント

05 私費の執行方法と管理

私費の執行方法や管理は、校内の会計規定で定め、
統一の方法で行います。
事務職員は全体のチェックを行う役割を担いましょう。

🖋 前提条件の整備

　私費の予算編成にかかる手続きもそうですが、担当によってその都度やりかたが変わるのは好ましくありません。まずは1年間のフローを明確にし、予算書や決算書などの様式やその作成にかかるソフトウェアを検討しましょう。予算編成から決算までのPDCAサイクルのなかで、執行段階（Do）を実行する期間がもっとも長いです。ここを含めて、だれがみても簡潔でわかりやすい管理をしましょう。

🖋 執行のポイント

　執行の手順は、発注数の確認・注文・検品・支払いがあります。注文は該当学年の人数などと固定されていると思いがちですが、転出入があった場合の人数変更、不登校状態などによる子どもの教材をどのように扱うかなど重要なポイントがあります。特に不登校の場合、問題集などのワーク類は家庭でも使用できますが、作品づくりキットのような補助教材は渡されただけではどうすることもできません。補習などでフォローできるのかなどを鑑み、

保護者や本人の意向も確認しながら購入するかどうかを確定します。

　注文は日数の余裕をもって行うことが必要です。事務職員が注文することは少ないかもしれませんが、年度当初に注意事項としてあげておくといいかもしれません。注文の際に、納品はいつ頃になるのかを確認しておくことも忘れずに行いましょう。

　注文後、納品され配付しますが、授業のタイミングで欠席している子どもがいた場合は、なるべく早い段階で手元に渡るようにします。先に述べた不登校の場合も家庭訪問や保護者が来校したタイミングで確実に渡すことを徹底します。少し話がそれますが、子どもが購入した教材を紛失などした場合に、業者が予備としてつけてくれた教材を渡しお金を集金するというケースをきいたことがありますが、その場合の代金はかならず業者へ支払い、適正な手続きを徹底しましょう（収入に入れると不当な利益が生まれます）。

✒ 支払いと管理

　納品後、請求書が届いたら数と金額を確認し、支払いをします。集金のタイミングによっては、こちらの残高が不足していることもあると思います。また、業者によっては手数料の負担を少なくするために学期ごとの支払いを希望される場合もあるようです。支払いは校内の規定にそって、支出伺いを作成し、納品書・請求書を添付のうえ、事務職員がチェックをした後、校長の決裁を経て支払います。チェックのポイントとして、納品数が適正であるか、予算書に計上していないものを購入していないか、金融機関の伝票（支払いや振り込み帳票など）が正しく記入されているか、などがあります。支出伺いの様式に、不参加者など教材を購入しなかったひとの情報や転出入などで変動した在籍などを記載できる箇所があると決算のときにわかりやすくなります。支払いが済み次第、出納簿に記載します。いまはデータで管理していることが多いと思いますので、その都度入力します。最後に、業者から発行された領収書を支出伺いに添付して、支払い作業が終了します。

第1節 学校財務マネジメント

06 私費の決算と評価・改善

ここでは私費の決算と評価・改善の方法について紹介します。
特に評価と改善は、保護者負担軽減の取組につながる
大切なプロセスです。

私費の決算方法

私費は単年度決算です。原則ゼロ清算で会計を締めます。手順としては次の通りです。

① 収入を確認する（出納すべき金額＝調定額となっているか）
② すべての支払いが済み、領収書がそろっているかを確認する
③ 個別に返金するリストを作成する
④ 年度途中の転入生がいればその清算（転出はその都度清算）
⑤ ひとりあたりの支出額を確認し、返金額を確定する
⑥ 収入＝支払額＋個別返金額＋全体の返金額＋残金となったか
⑦ ⑥があっていれば、決算書を作成し、保護者の監査を受ける
⑧ 監査後、決算報告書を作成し、校長決裁ののち保護者へ報告する
⑨ 返金があればその手続きを行う

これらの処理を行う際に、重要になってくるのが前出にあった支出伺書に書かれた情報です。特に③の個別返金を確認するときに必須となります。保護者監査では計算があっているかという点よりも、その年度で支出した内容が適正であったかについて、ぜひ意見をもらいましょう。

私費の評価と改善

　監査でいただく意見とは別に、公費と同様、学校評価のアンケートに財務についての項目をつくります。特に保護者用のアンケートが重要です。本校の設問は「学校は保護者負担軽減に努めていたか」と「制服等の学校指定品は適正であったか（費用面・物品面）」としています。この評価とあわせて、職員が行う総合的な評価と個別的な教材に対する評価を確認します（第4章「03公費の決算と評価・改善」を参照）。

　特に私費については、ワーク類や実習材料など多岐にわたります。ていねいに振り返りを行ってもらいましょう。公費同様費用対効果と、次年度への引継ぎをポイントに振り返りますが、効果についてはすぐにわかるものではないため、授業内で有用に活用できたか、ワーク類なら問題数の多さや難易度、実習教材なら使いやすかったか、費用は適正だったか、などがあると思います。引継ぎについては次年度同じものを使いたいのか、変更するのか、それとも購入をやめるのかなどについて評価します。特に課題がある部分についてはコメントを記入してもらい、それを受け取るときにヒアリングを行い、課題や次年度の改善について担当と共有しておきましょう。

評価の検証

　各教科や分掌で行った評価結果をもとに、財務担当から検証結果として意見やアドバイスを加えたものを、職員へ報告します。この報告をもって課題や改善策を共有することができます。この資料は次年度、私費予算の編成において重要な資料となります。前年度踏襲をするための資料ではなく、課題を踏まえたうえで、費用面と物品面の観点をもって検討するというサイクルの定着につながります。事務職員からは、特に保護者の立場で教材選定の重要性を伝えていくようにしましょう。

第2節 就学支援マネジメント

07 就学支援制度

就学支援制度にはさまざまなものがあります。
ここでは、小中学校で扱う就学援助・生活保護・就学奨励や
高等学校で扱う就学支援金・奨学金を取り上げます。

就学支援制度とは

憲法第26条では、その能力に応じてひとしく教育を受ける権利と、義務教育の無償を謳っています。しかしながら、経済的な事情により、あたりまえに教育を受けること自体が困難な家庭もあります。

それらに対する支援が、先にあげた就学援助や生活保護（おもに教育扶助）、若干毛色が違いますが、特別支援教育の就学奨励もあります。また、高校などへ進学するにいたっては、義務教育とはくらべものにならないほどお金が必要となります。それらを支援するための制度が就学支援金や奨学金です。それぞれ、管轄省庁や対象費目などに違いがあります。

就学援助制度

就学援助制度は、学校教育法第19条にある「経済的理由によつて、就学困難と認められる学齢児童又は学齢生徒の保護者に対しては、市町村は、必要な援助を与えなければならない」としているように、自治体が実施する制度で文部科学省が所管しています。そのため、自治体間の格差が課題のひとつ

となっています。自分の自治体ではあたりまえに行われていることが、ほかの自治体では違うこともあるということを知ることが、課題解決の一歩となります。

✒ 生活保護制度

生活保護制度は、国民の生存権を守るため、憲法第25条の「すべて国民は、健康で文化的な最低限度の生活を営む権利を有する」という既定に基づく社会保障制度です。就学援助と異なりその実務を学校で行うことはほとんどないため、教員はもとより事務職員でさえも制度を正しく理解できていないかもしれません。自治体ではなく国の事業（法定受託事務）ですが、実際の事務は保護する自治体が管轄する福祉事務所などが行い、厚生労働省が所管しています。保護費については国が4分の3、自治体が4分の1を負担しています。

✒ 特別支援教育就学奨励制度

特別支援教育就学奨励制度は、特別支援学校への就学奨励に関する法律に基づき、特別支援学校へ通う子どもたちの特殊事例を鑑み、保護者等の経済的負担を軽減するためにある制度です。こちらも国の事業ですが、請求にかかわる事務は学校が行い、その費用は国が2分の1、都道府県が2分の1負担しています。また、特別支援学級にかかわるそれは、文部科学省の政策として実施されています。似たような名称ですが、内容に大きな違いがあります。

　以上3つの制度は、同時に受給できません。それぞれ所得制限もあり、利用できる制度からもっとも条件がよい制度を選択することになるでしょう。

第2節 就学支援マネジメント

08 就学援助制度の実態

ここからは就学支援制度のひとつとして
就学援助制度について取り上げていきます。
就学援助の仕事は事務職員にとって大切な仕事のひとつです。

✒ マニュアルだけではない仕事

　就学援助の事務を行うにあたっては、各自治体の手引き（マニュアル）に
そって事務処理をすすめていると思います。しかしながら、就学援助の仕事
はそのひとつひとつに、気をつけるべき点があったり、そもそも就学援助制
度の仕事とどう向き合っていくのかを考えなければならなかったりします。
　最初はマニュアルにそってすすめることがやっとであったとしても、多く
の事例やほかの事務職員の実践と出会いながら、なにを大切にしていくかに
気づいていく必要があります。

✒ 寄り添うことが第一歩

　この仕事の一番の肝は「保護者に寄り添う」ということです。就学援助を
必要としている家庭を、どのように制度につなげるか、援助の内容は適切か、
申請のしかたに課題はないか、など現状の事務処理をこなすだけではなく、
プラスアルファが求められます。その根幹にあるのが、保護者に寄り添うと
いう気持ちです。先に述べたマニュアルにそって仕事をすすめ、申請・認

定・援助費の請求・支給というサイクルをまわすだけでも就学援助の仕事は成り立ちます。しかしながら、多くの場合、それだけでは本当に援助を必要としている保護者すべてに制度が届くことは難しいのです。

以降、課題や取り組むべきことにもふれますが、まずは必要な家庭に必要な援助を届けるために、その都度出会うさまざまな家庭のケースに寄り添うことを忘れないでもらえたらと思います。

ていねいな情報収集

ほかの仕事にくらべて、就学援助の仕事は圧倒的に保護者と話をする機会が多くなります。コミュニケーションの得手不得手はあっても、ていねいな対応を心がけましょう。家族構成や経済的状況を詳しくききとらなければならない場合も多々あります。特に失業や病気、離婚などのタイミングで申請を希望されるケースが多いため、かなり立ち入った話になることもあるでしょう。ききとった状況を整理し、必要書類の有無なども確認したうえで、できるだけスムーズに申請ができるようにします。情報が足りず、何度も保護者へ問い合わせたり、書類不足により追加で役所へ行ってもらったりということは避けたいものです。

自分の仕事と向き合えるチャンス

ていねいなやりとりや、保護者からのききとりなど、ケースによってはかなり時間がかかることもありますが、その分認定につなげられたよろこびは大きいです。成功体験ではないですが、自分がやったことに結果がでることは、自分の仕事への向き合いかたを変えるきっかけにもなります。事務職員があいだに入るからこそできる仕事のひとつと捉え、できることから取り組んでいきましょう。

09 就学援助制度の課題

自治体により制度の差がある実情を受け、就学援助制度をよりよい制度にしていくため、まずは課題を認識することが必要です。自治体の格差をなくしていくことも必要でしょう。

援助費や援助項目の違い

　比較的わかりやすい課題として、援助の額や援助項目の違いがあります。文科省が通知している「要保護児童生徒援助費補助金予算単価等一覧」に準じた額を定めている自治体も多いですが、それよりも額が少ないということもあります。特に新入学用品費などは、年々予算単価があがるいっぽうで、従来の金額のままという自治体もあるでしょう。また、援助項目についても同様です。クラブ活動費や生徒会費、PTA会費、卒業アルバム代などは、援助項目としてある自治体とない自治体では大きく差があります。

　逆に、自治体独自で眼鏡代やそれに伴う検眼料などが支給できる自治体もあります。

申請方法の違い

　多くは学校が窓口となり提出先も学校ですが、直接自治体の担当課へ提出するケースもあります。関係性がない相手に提出するほうが、抵抗が少ないという保護者もいるでしょう。ただ、反対に学校が窓口ならいつでも提出で

きるという利点もあるので、一長一短あります。また、申請書の様式はどうでしょう。だれもがわかるようにできているか、兄弟姉妹の申請が１枚で済むのか、所得証明の添付の有無など、より保護者が申請しやすい形に変えていく必要があるでしょう。

　さらに、申請できる期間や、認定のタイミングはどうでしょうか。ある自治体では、３学期は申請を受けつけていません。別の自治体では、その月の１日以外に申請した場合、認定は翌月の１日になってしまいます。

支給時期や請求方法の違い

　援助費の支給のタイミングも自治体によって異なります。たとえば学用品費など毎月支給する自治体もあれば、７月・12月・３月の年３回（学期に１回）というところ、１年分の援助費を翌年の４月に一括して支給するという自治体もあります。援助項目によって定額を設定していれば、基本学校からの請求事務は不要ですが、実費としている場合はなんらかの請求手続きが必要となります。

「違い」は課題として受け止める

　自分の自治体であたりまえになっていることが、ほかの自治体でも同様ということは決してありません。よりよい制度にしていくためには、ほかの自治体の状況を知るということはとても重要なことです。「ずっとそうだったからしかたない」「うちの自治体は変わらない」ではなく、就学援助の仕事をつかさどる事務職員が主体となり課題があることを認識し、積極的に担当課へ働きかけていきましょう。

　もちろんすぐに改善できることばかりではないでしょう。そのために担当課とともに学んだり、改善に向けた話し合いの場をもったりという実践も多くきかれます。まずはその一歩を踏み出しましょう。

第2節 就学支援マネジメント

10 就学援助制度の周知

課題解決とは別に、就学援助制度を必要な家庭へ
つなげるために、自校で取り組める実践も多くあります。
ここではそのひとつ、周知について考えます。

✒ 「周知」の有効性

　湯田（2009）は、自治体の就学援助受給率と周知は相関関係にあると述べています。これは周知するほど受給率が高くなるという調査結果をもとにしていますが、当然、情報が多いほど制度が届きやすくなるというのは想像に難くないでしょう。一言で周知といっても、さまざまなタイミングと手段があります。ポイントは回数とアプローチ方法です。これから紹介する方法はどれも比較的取り組みやすいものなので、まだ実践していないものがあれば、ぜひ取り入れてみてください。

✒ 周知のタイミング

　保護者に最初に就学援助制度を紹介するのは、小学校入学前の就学時健診でしょうか。ほとんどの自治体で実施されている新入学用品費の入学前支給を受けるには、自治体の締め切りにもよりますが、このタイミングでの説明が必須でしょう。次は、小・中学校ともに行っている新入生保護者向けの説明会です。どちらも対面で資料をもとに説明することができますし、会の終

了後相談を受けることも可能です。説明では、この制度は児童手当と同様に所得が認定基準を満たしていれば受けられる行政サービスであること、校内の状況によっては利用している人数（％）もお伝えすると、申請が特別なものではないという理解がすすみ、申請へのハードルを下げられると思います。さらに説明資料といっしょに全員に申請用紙を配付すると、後日保護者が取りにくる手間が省けるのでおすすめです。

　入学式や始業式のタイミングでもお知らせを配付します。行政から共通のお知らせがでる自治体も多いと思います。紙以外では、学校ウェブサイトへの掲載です。事務室専用のページをつくり、自治体のウェブサイトへのリンクを貼ったり、申請書がダウンロードできたりするとアクセスしやすいでしょう。これだけ周知していても、年に数件「制度を知らなかった（初めて知った）」という声をききます。毎回同じような情報にはなりますが、保護者が必要としたときに情報が届くためにはタイミングをわけてお知らせすることが重要です。

▮▶ 積極的なアウトリーチ

　保護者が自ら申請の意思を示すのを待っているだけではなく、必要だと思われる家庭に対しては、積極的にアウトリーチを行いましょう。病気による休職や離職、離婚、妊娠による育児休業取得など、所得が減ることが予測されるような情報が入った場合は、こちらから制度の紹介をしましょう。申請には（添付書類が必要ない限り）基本お金はかかりません。わたしは迷ったら申請することを強くおすすめしています。

　また、転入時の説明も重要です。保護者への説明にはかならず同席し、事務職員から直接説明するようにしましょう。

【参考引用文献等】

●湯田伸一（2009）『知られざる就学援助』（学事出版）

11 生活保護制度

生活保護制度はおもに福祉事務所の仕事ではありますが、
貧困対策のセーフティネットとして重要な役割があり、
学校に通う子どもたちとも深く関係する制度です。

✎ 支援の内容

　生活保護制度は、生活扶助のほか、義務教育のための教育扶助を含め、生活を支える支援として、住宅扶助・医療扶助・介護扶助・出産扶助・生業扶助・葬祭扶助など8つの扶助があります。

　特に教育扶助は、小中学校の子どもがいる家庭に対し行われる扶助で、月額で支給される基準額のほか、教材代や学校給食費、通学のための交通費、学習支援費などがあります。ちなみに修学旅行の費用は就学援助費から支給、高等学校の費用は生業扶助（高等学校等就学費）から支給されますが、専門学校と大学の費用は生活保護費では支給できない（進学する場合は、その対象者だけが生活保護世帯から外れることになるという「世帯分離」が必要です）ことになっています。

　また、医療扶助は現物支給となり、指定された医療機関で診察を受ける場合は窓口での支払いが生じません。入学時に必要な制服やランドセルなどの鞄、靴などは教育扶助ではなく生活扶助（入学準備金としての一時扶助）から給付されます。

　これらの補助額は厚生労働省が告示により定めています。

 ケースワーカーとのやりとり

　学校において、生活保護を受給している家庭はひとり親家庭が多く、学校からの連絡がつきにくいこともあるでしょう。特に集金が滞っているが、家庭とまったく連絡がつかないというケースを何度か経験しています。そのような場合の手立てとして、ケースワーカーの力を借りるということがあります。生活保護家庭には、かならず担当のケースワーカーがついています。ケースワーカーは、定期的に家庭との面談を実施していますので、そのタイミングで連絡してもらうことができます。特に滞納は、生活費のやりくりにもかかわることなので、ケースワーカーの立場で家庭へアドバイスしていただくことも支援のひとつです。未納対策という視点ではなく、あくまで長期的にその家庭が、経済的に自立できるような手立てのひとつとして捉えましょう。このほか、学校で行うケース会議なども同様ですが、他機関と連携することは、その家庭を支える手立てが増えるという強みがあります。

 就学援助制度との連携

　生活保護制度は就学援助制度よりも所得基準額が低いため、世帯収入が増え、生活保護から外れても、就学援助制度なら認定になる可能性があります。担当のケースワーカーによってはその情報を、外れる前に直接学校へ連絡してくれることもありますが、そうでない場合は家庭からの連絡に頼ることになります。生活保護から切れ目なく就学援助につなげるには、家庭からの連絡以外でも情報のパイプを確保しておく必要があるでしょう。知らぬ間に生活保護から外れ、費用負担が生じることになってしまってから気づくということがないようにしなければなりません。具体的な手立てとして、たとえば学校給食費は現物支給であることも多いため、教育委員会事務局で学校給食費の所管課と連携がとれるようにしておくことなどが考えられます。

第2節 就学支援マネジメント

12 高等学校等の就学支援制度

高校等に適用される就学支援制度があります。
ここでは、高等学校等就学支援金制度と
高校生等奨学給付金制度について紹介します。

✒ 高等学校等就学支援金

　2010（平成22）年に公立高等学校に係る授業料の不徴収及び高等学校等就学支援金の支給に関する法律の施行により、すべての世帯の公立高等学校の授業料が不徴収となり、私立学校等の授業料についても同等の支援金を支給することになりました。しかし、2013（平成25）年より高等学校等就学支援金の支給に関する法律へと変わり、翌年4月から所得制限が設定されることになりました。また、2020（令和2）年4月には就学支援金の給付額が大幅に拡大され、私立高校の授業料も所得によっては実質無償となっています。

　実際の申請は入学後に行います。世帯所得を判定するため、必要書類を高校へ提出します。支給とはいっても、家庭にお金が支給されるのではなく、国が都道府県に費用を交付し、授業料にあてるしくみです。

　公立学校においては、支援金の支給があるまで授業料の徴収を待つところが多いようですが、私立学校においては、先に集金し、年度末にまとめて精算する学校もあるため、一時的にお金が必要となります。保護者への注意喚起が必要でしょう。

 高校生等奨学給付金（奨学のための給付金）

　義務教育期間と異なり、高校には就学援助制度はありません。それに準じたものとして、2014（平成26）年の法改正と同時に始まった「高校生等奨学給付金（奨学のための給付金制度）」があります。

　こちらは現金給付となり、授業料以外の費用にあてることを目的としています。3分の1が国庫補助、残りは都道府県負担となるため、手続き方法や実際の支給額などは都道府県によって異なります。しかしながら、就学援助制度にくらべ、所得制限が厳しく、生活保護世帯や非課税世帯が対象となっているため、中学校で就学援助を利用していた家庭の多くは対象外となってしまいます。また、実際にかかる費用に対して支給額が少ないことや、財源が高等学校等就学支援金の対象外となっている世帯からの授業料であることなど、課題も多くあります。

 その他の就学支援制度

　以上のふたつ以外にも、都道府県や私立学校が独自に設定している授業料減免制度もあります。

　埼玉県では、「私立高等学校等父母負担軽減事業補助制度」があり、県内在住かつ県内私立高等学校に在学している場合の授業料の一部を援助する制度があります。また埼玉県以外でも、保護者等の離職など家計急変により受けられる授業料免除制度や、私立高校によっては、独自で所得制限を設けず授業料を無償としているところ、入学時に一定の現金給付をするところもあるようです。

　いずれにしても、義務教育期間より多くの費用が必要になることが予想されるため、進路を決定する際には、保護者と生徒が金銭面についても見通しをもつことが重要でしょう。

13 奨学金制度

高等学校等就学支援金や高校生等奨学給付金のほか、
高校では奨学金制度も利用できます。
ここでは、代表的なものを紹介します。

日本学生支援機構

　現在、多くの団体で奨学金制度を実施していますが、もっとも有名なのは独立行政法人日本学生支援機構（旧育英会）でしょう。それまで国や日本育英会、財団法人国際学友会などが実施してきた各種支援策を総合的に実施する独立行政法人として2004年（平成16年）に設立されました。日本学生支援機構の奨学金貸与事業は、旧日本育英会の事業を引き継ぎながら新制度も導入されています。そのなかで、高校を対象とする事業は、都道府県に移管されました。

給付と貸与

　国が行っている就学支援金は給付型で、返還の必要はありませんが、以下に紹介する奨学金は貸与型といって、一定期間が過ぎたのちに返済義務が生じます。

　各自治体では、入学金や授業料にあてるための費用を奨学金という形で貸与する制度があり、貸与を受けるには一定の所得基準や成績の要件がありま

す。しかし、成績を要件としている場合でも、具体的な数値が求められていない場合、わたしの経験上ではありますが、成績を理由に受けられないということはありませんでした。こちらは中学校在籍時に申請ができ、申請のタイミングによっては入学金の納入に間に合う流れで貸与されるようになっています。

　注意点として、この貸与を受けるのは保護者ではなく生徒本人だということです。返済開始の多くは大学卒業後など社会人になったあたりを見越して設定されています。自治体を通しての申し込みですが、債務不履行になった際はその債権が自治体から貸与元の金融機関に移り、ブラックリストに載ることもあります。原則無利子の奨学金ですが、就学支援金でまかなえない分の貸与は、慎重に判断する必要があるでしょう。

途切れない支援

　高校等にかかわる支援制度をここで紹介することには、理由があります。子どもの育ちを見守るために保育・幼稚園から小学校へ、小学校から中学校へと連携をとっていますが、中学校から高校を含む上級学校へも同様のことが必要です。特に金銭面については、義務教育でかかる額を大きく上回るため、その見通しを立てる必要があります。進路指導についても、希望する進路が金銭的に難しいケースもなくはありません。もちろんそのための支援制度ではありますが、学校から適切な情報提供をすることで、保護者が余裕をもって準備することができるようになります。わたしは、これらの情報を中学3年時に実施する保護者と生徒対象の進路説明会で、奨学金制度の概要と手続き方法をかんたんに説明し、手続きの相談窓口にもなっています。

　家庭に必要な支援が、家庭の情報不足で途切れてしまわないためにも、在籍している学校でできることはなにかを考え、実施していく必要があります。特に財務面の見通しをもってもらうために、中学校ではぜひ取り組んでもらいたい実践のひとつです。

第3節 施設設備マネジメント

14 学校施設の維持管理

学校施設の管理者はだれでしょうか？
管理者といえば管理職であり、校長や教頭ですが、
事務職員もかかわっていくべき領域だと考えます。

学校施設の管理者

　学校施設の管理者を確認しましょう。まず、学校教育法「学校の設置者は、その設置する学校を管理」（第5条）するとあります。それでは、設置者はだれになるか——これは地方自治法に定めがあり、「公の施設を設置」（第149条第7号）するのは「地方公共団体の長」（同法同条第1項）です。しかし、そのなかで教育にかかわること、たとえば「学校（‥）の（‥）管理」は、地方教育行政の組織及び運営に関する法律で教育委員会の職務権限となっています（第21条第1号以下）。

　また、教育委員会は学校の管理について「必要な教育委員会規則を定める」ことが可能です（同法第33条）。たとえば埼玉県川口市では川口市立小・中学校管理規則を定め、「校長は、学校の施設（‥）を運営管理し、その整備保全に努めなければならない」（第26条第1項）としています。さらに「職員は、校長の定めるところにより、前項に規定する施設（‥）に関する事務を分掌する」（同条第2項）とされています。その分掌を引き受けるのは事務職員であることが文科省通知「施設（‥）の整備及び維持・管理に関する事務」から推定できます（詳細第1章「04文部科学省と事務職員」）。

☞ 維持管理に重要な視点

　それでは、事務職員が学校施設の維持管理を担当するとき、重要となる視点や実践について考えましょう。以下、川崎（2024）による施設を主管する担当が留意しなければならないポイントです。

---

① 多くの子どもたちが集まり、ともに生活する場としての安全・健康の確保に努めること。

② 今日求められている主体的・対話的で深い学びや、個別最適な学びと協働的な学びの調和的実現に対応する豊かな学びの場の構築に意を尽くすこと。

③ 子どもたちの学びへの地域の支援を受けるとともに、地域の文化拠点として人々が利用する施設、地域防災拠点としての役割を果たす施設の実現をめざすこと。

　第一に、子どもへの視点です。学校は子どもたちが安全に生活できる環境を維持しなければなりません。児童憲章においても「児童は、よい環境の中で育てられる」と掲げられ、「十分に整つた教育の施設を用意される」とされています。また、〈学びの場〉としての学校施設を構築していくための知識も求められます。このように、ただ維持管理していくだけではなく、いま求められている〈学びの形〉に則した施設整備が必要です。

　それに加えるなら、〈労働の場〉としての学校施設です。教職員の労働環境を考える視点も必要です。特に、休憩室の設置は急務でしょう。

【参考引用文献等】

●川崎雅和（2024）「施設・設備及び教具の整備及び維持・管理に関する事務」川崎雅和・栁澤靖明 編著、学校事務法令研究会 監修『学校事務職員の仕事大全』（学事出版）pp.108-111

15 学校施設の開放

学校の施設は、学校だけのものではありません。
自治体の財産として、地域住民などにも開放されます。
事務職員はどのようにかかわっていくべきでしょうか。

🖊 学校の施設開放にかかわる法令

　地方自治法には「行政財産は、その用途又は目的を妨げない限度において
その使用を許可することができる」（第238条の4第7項）と書かれ、学校教
育法では「学校教育上支障のない限り、（‥）学校の施設を社会教育その他
公共のために、利用させることができる」（第137条）とされています。また、
教育基本法（第12条）や社会教育法（第44条）でも、社会教育のために学校
施設を利用できるとされています。スポーツ基本法や公職選挙法、学校図書
館法などにも同様の趣旨が定められています。

　そして、学校管理規則に具体的な手続きの定めが置かれています。埼玉県
川口市の川口市立小・中学校管理規則を確認してみましょう。

> 学校の施設又は設備の学校教育の目的以外の利用については、法令の定め
> るところに従い、校長が許可する。——第30条（抄）

　この規定に従い、「校長の許可」手続きが事務職員の分掌とされることも
あります（文科省通知でも標準的な職務例にあげられています）。

 学校施設の開放から広がる仕事

　学校施設の開放業務に事務職員がどこからどこまでかかわるべきなのかは、議論があると思います。わたしも利用団体から申込書や使用予定表を受け取るような窓口業務に留まることが多かったです。特にその業務を分掌されていたわけではありませんし、利用団体側も学校の玄関付近にある事務室＝窓口に提出したという感覚だと思います。

　しかし、毎月のように顔をあわせると自然と会話も生まれてきます。あるとき、体育館の利用団体から「いつも借りてばかりで悪いから年末くらいに大掃除をさせてもらえないかな」という申し出がありました。「それなら、いつも職員でやっているワックス塗装なんてどうですか」という話題になりました。ほかの団体にも声をかけてみたところ、それなりの人数が集まりました。結果、学校でワックスを購入し、労働力は利用団体に担ってもらえることになり、職員の負担が軽減されました。

 コミュニティ・スクールとの関係

　奥山（2024）は、「コミュニティ・スクールにかかわることで学校施設の地域開放に参画することができ」ると提案し、そのことにより「学校の窓口業務の機能を高める」としています。先に述べた偶然の産物ではなく、コミュニティ・スクールとコミットメントすることにより、継続的で組織的な実践へつなげることができそうです。学校施設の開放業務も視野を広げれば、地域とともにある学校の基礎づくりとなるでしょう。

【参考引用文献等】

●奥山光明（2024）「学校施設の地域開放に関する事務」川崎雅和・栁澤靖明 編著、学校事務法令研究会 監修『学校事務職員の仕事大全』（学事出版）pp.170-173

第3節 施設設備マネジメント

16 学校安全計画と安全点検

学校施設の担当者として、
どのように安全計画や安全点検とかかわり、
事務職員の専門性を生かせるか考えましょう。

✎ 学校の安全計画と安全点検

　学校の安全については、学校保健安全法に定めがあります。法のなかで学校安全計画を義務づけた条文があります（第28条）。計画の中身として、文部科学省が発行している学校安全資料[37]によれば、「(1)安全教育に関する事項」「(2)安全管理に関する事項」「(3)安全に関する組織活動」を定めるように示されています。

　特に事務職員がその専門性を発揮できる部分としては、「(2)安全管理に関する事項」でしょう。たとえば、生活安全として「施設・設備、器具・用具等の安全点検」があります。また、災害安全には「避難場所、避難経路の設定と点検・確保」や「防災設備の点検」などもあり、事務職員の施設設備にかかる仕事として捉えておくべき領域です。

　それでは、安全計画としての安全点検計画、そして安全点検の具体的な実践について考えていきましょう。

---

[37]　文部科学省「学校安全資料『生きる力』をはぐくむ学校での安全教育」平成31年改訂2版

 安全点検の計画

　安全点検の目的は、「児童生徒等の安全の確保を図る」（学校保健安全法第27条）ことにあり、「毎学期一回以上、児童生徒等が通常使用する施設及び設備の異常の有無について系統的に行わなければならな」く、「必要があるときは、臨時に」（同法施行規則第28条）実施するとされています。

　しかし、ベースが学期に1回ではその異常に気がつきにくかったり、見落としてしまったりすることもあるでしょう。そのため、安全点検は毎月実施する計画を立てるべきです。また、点検者→事務職員（修繕査定者）→管理職という報告ルートの確立も計画に入れておきましょう。

 安全点検の実践

　事務室や印刷室の安全点検を担当している事務職員は多いと思います。しかし、これでは受動的なかかわりです。施設設備マネジメントを担う事務職員であれば、能動的な安全点検へのかかわりが必要でしょう。たとえば、点検の形骸化を防ぐ方法として中村 編著（2022）では、以下の方法などを提案しています。

> ・安全点検表に写真や図を取り入れる。
> ・第三者（共同学校事務室やコミュニティ・スクール委員）による点検

　特に共同学校事務室など、事務職員の集団化による点検は効果的でしょう。また、点検表の作成にかかわることも重要な視点です。

【参考引用文献等】

●中村奈千 編著、現代学校事務研究会 監修（2022）『学校施設・設備の維持管理がよくわかる本』（学事出版）

17 施設設備

経験が浅いうちは他者の真似をすること。
それも仕事術の一種といえるでしょう。
参考文献からより詳しい情報を得て、真似してみましょう。

✒ 「施設・設備の維持，管理関係事務」

　事務職員の職務実態を調査した研究[38]によれば、対象者1,395人のうち「施設・設備の維持，管理関係事務」に従事している人数は1,137人、していないのは258人とされ8割以上の事務職員が施設設備にかかわっていることがわかっています。しかし、わたしが施設の維持管理を本格的に担当したのは、数年前からです。設備は多少なりともかかわっていましたが、施設となると事務職員は蚊帳の外でした。その大きな理由として、事務職員自身も自分の仕事ではない、校内他職種や教育委員会事務局も事務職員の仕事ではないという、自治体内で共通する職務範囲観念があるからだと考えます。

　このようにまだ初任者レベルでありますが、施設の仕事は目にみえる変化を味わうことができ（自分自身）、目にみえる変化を発信すること（保護者や地域、子どもと共有）もできます。その点でもやりがいを感じています。

---

[38]　国立教育政策研究所「小中学校の学校事務職員の職務と専門的力量に関する調査報告書」平成27年（2015年）3月

キャリアステージにおける スクールファシリティ・マネジメント

　ここからは、井上（2022）による「キャリアステージにおけるスクールファシリティ・マネジメント」を紹介します。施設設備の仕事術として、さまざまな視点を提供してくれます。

　新人期（1〜4年目）は、基礎的な知識を習得する時期とされています。これは、書籍から得られる情報と現場から得られる情報を融合していくことが必要でしょう。軽微な修繕であれば、得られた知識をもとに自分で作業することも可能です。また、教育環境という視点で学校施設設備をみていくことも求めています。実務上は、安全点検へのかかわりを通じて、教職員との協働による実践が重要であるとしています。

　準新人期（5〜9年目）は、関係法令や施策などの知識を習得し、計画的な修繕の実施や、管理職との協働による事故未然防止に努めることが求められる時期とされています。具体的な実践として、「生徒にとって安全で快適かつ教員が指導しやすい教室環境整備を目標」にした教室のレイアウトを統一する実践が紹介されています。

　一人前期（10年目〜）は、安全面の確保とあわせて学校教育目標実現に向けてカリキュラム・マネジメントなどの視点から環境改善をしていく時期とされています。中長期的な修繕計画を立てたり、地域住民や行政機関などとの連携・協力も求められたりしています。また、「児童（生徒）アンケート」や総合的な学習の時間などを通した子どもとのかかわりも期待されています。

【参考引用文献等】

●井上和雄（2022）「学校事務職員のキャリアステージにおけるスクールファシリティ・マネジメントの提案」藤原文雄ほか　編著『スクールファシリティ・マネジメント』（学事出版）pp.102-105

18 修繕計画と執行の工夫、注意点

予算不足は全国的な問題でしょう。
だからといって諦めずに修繕計画を立て、
予算要求につなげたり、工夫したりして乗り切りましょう。

中長期的な修繕計画の策定

　各自治体では、国の要請により「公共施設等総合管理計画」を策定しています。たとえば、埼玉県川口市では「市が保有する公共施設等の全体像を把握し、将来にわたる課題等を整理・把握する中で、長期的な視点を持って公共施設等の維持管理、更新、統廃合、長寿命化等を計画的に行い、財政負担の平準化と適正な配置を実現するための指針として」[39]、2022（令和4）年に「川口市公共施設等総合管理計画（改訂版）」を公表しています。

　たとえば、それにならって「○○学校総合管理計画」を作成し、維持管理や更新などを定めていくことができます。具体的には、「施設」（教室や校庭、廊下や階段など）、「設備」（放送やインターネット、水道やガスなど）の現況を記し、中長期的な課題（蛍光灯や水銀灯の生産中止による LED 化など）を個別に立てます。また、課題解決に必要な予算を把握しておくために概算見積ものせておくとよいでしょう。

---

[39]　川口市ウェブサイト「川口市公共施設等総合管理計画」（https://www.city.kawaguchi.lg.jp/soshiki/01010/040/2/2660.html）LA：2024.08.28

 修繕の工夫

　たとえば、職員作業による修繕があります。定期的に職員作業を実施している学校も多いでしょう。長期的な計画を立てることは難しいかもしれませんが、中期的（３年計画程度）に遊具のペンキを塗り替えたり、花壇の土を入れ替えたりすることはできると考えます。専門業者に依頼すると高額な費用がかかるところ、職員作業なら材料費だけで修繕可能です。

　しかし、安全面が心配される修繕は避けるべきです。たとえば、遊具でも構造的な部分を素人が修繕してもその安全性は担保できません。そのため、ペンキの塗料など安全面にかかわらない範囲で実施することが重要です。また、昨今の「働き方改革」による負担軽減施策にも気をつけなければなりません。コスト削減と労働増加は、天秤にかける必要があるでしょう。

 修繕費執行の注意点

　施設設備に対する予算執行は、子どもの安全を第一に考えることが必要ですが、予算不足を理由に PTA や後援会などから修繕費を出してもらうような事例も耳にします。

　保護者や地域住民は、子どもの安全のためなら――と費用を負担してくれることもあると思いますが、それはそもそも法令に抵触する可能性が高いです（地方財政法第27条の４と同法施行令第52条[40]）。その費用は法令に従い、設置者が負担するべきです（学校教育法第５条[41]）。

　事務職員には、粘り強い予算要求の姿勢や獲得に向けた実践が求められるでしょう。

---

[40]　「市町村立の小学校、中学校（‥）の建物の維持及び修繕に要する経費」を「住民に対し、直接であると間接であるとを問わず、その負担を転嫁してはならない」
[41]　「学校の設置者は、その設置する学校を管理し（‥）その学校の経費を負担する」

仕事のQOLをあげよう

　　いままで勤務してきた学校には、すべて事務室があった。
完全にひとりのこともあれば、栄養職員がいたり、複数配置
であったり、初任校では、市費負担事務職員もいた。毎日、ほぼ一日中を過
ごす部屋だから、少しでも快適にしたい。自宅でも模様替えが好きなことも
あって、整理整頓とは別に、少しでも落ち着けるような部屋にしたいと、気
がつけば日々考えている。

　いまの勤務校では、栄養士さんといっしょなので相手の意向もききつつ、
お互いの収納スペースを整えるため、パイプボックスをいくつも買い、探し
やすく、出し入れしやすく、かつ見た目もきれい、を実現させた。窓際は東
向きのため、観葉植物をたくさん育てている。わたしと同じく植物が好きな
栄養士さんは、その子たちに「こんなに成長してえらいね」「蕾をつけてす
ごいね」と毎日のように褒めるので、どの子も気をよくしてか明らかに成長

のスピードが早くて驚く。
毎日植物のようすをみて
ちょっとしたお世話をす
る時間が、お互い息抜き
になっている。

　季節によってはちょっとした飾りをする。子どもたちのためではなく、目
に入るたびに自分の気持ちがふっと明るくなるからだ。ただ、これはルーテ
ィンというわけではない。義務になるとできないことが辛くなるからね。

　居心地のいい部屋は、気持ちを落ち着かせてくれる。忙しい日もそうでな
い日も、イライラしたときもうれしかったときも、事務室はわたしの癒し空
間でもある。

第 5 章

教育環境周辺の仕事術

第1節 学校経営とのかかわり

01 学校経営方針の理解

年度当初、校長は学校経営方針を職員に伝達します。
それは学校教育目標の具体化に向けた方針であり、
その中身を理解することは事務職員にも重要なことです。

✍ 学校経営方針とはなにか

　学校経営方針は、学校経営の目標であり、それは学校教育目標を達成させ
るために、校長がめざす学校像を提示したものであり、具体的な方針の軸を
定め、その経営ビジョンを明らかにするものです。めざす学校像に加え、児
童生徒像、職員像などをあげる校長も多いでしょう。そしてそれぞれに対す
る具体的な方策は、現在の学校課題や学校評価から抽出された課題、地域の
課題なども考慮されています。

　また、危機管理の意識向上や公務員としての自覚、勤務時間の割り振りな
どという根底的な経営事項も含まれています。

✍ 個人個人の目標設定

　人事評価制度が導入され、ひとりひとりがその年度の重点目標として、職
務範囲における具体的な行動方針を設定し、校長などとヒアリングします。
そこで重要なのが重点目標の設定です。自らの目標であっても、それは組織
としての目標（＝学校経営方針など）にそったものでなければなりません。

学校課題への取組

　校長が課題としていることへの解決策として、事務職員の立場で取り組めること、与えられた分掌として取り組めることを考えましょう。

　埼玉県の場合、前述した人事評価の一環として、重点目標を整理する自己評価シートを使用します。そこには職種に応じた職務領域が設定されていて、事務職員の場合はその３領域を自由に設定できます（教員は、「教科指導等」「学年・学級経営・生徒指導等」などと固定）。わたしの場合は、「学校財務」「就学支援」をかならず設定し、その領域から経営方針の達成に向けた方策を示します。学校財務では、校長がめざす学校像に必要となるものはなにか、今年度なにを重点的にそろえたほうがいいか、改修や工事はなにがあるかが基本となります。就学支援では、不登校支援や多様化する学びの形に対して、事務職員が就学支援でできることをまとめることが多いです。

　また、地域連携（学校運営協議会における教育支援との関係）や業務改善（働き方改革における勤怠管理との関係）、メンタルヘルス（病休や休職を未然に防ぐための方策）などにも積極的にかかわることが増えてきました。

絵空事にしない

　経営方針？　職員会議で校長がしゃべって、その後に職員室とか校長室に掲示されているやつでしょ。――そんなイメージのひともいると思います。しかし、学校は組織です。組織には目標が必要です。そのために学校教育目標があるわけですが、「かんがえる子」や「やさしい子」の育成といったように抽象的な場合が多いです。それと現状を近づけるための単年度目標が学校経営方針となります。事務職員は経営ラインの外側ではなく、内側に存在しています。多職種と協働し、チームとしての学校で教育活動を支えていきましょう。そのためにも、まず経営方針を理解しましょう。

第1節 学校経営とのかかわり

02 企画会議への参画

企画会議、学校によって運営委員会や企画委員会などと呼びかたはさまざまでしょう。いわば教育活動の方向性を検討する会議です。事務職員が参画する意味を考えていきましょう。

事務職員の標準的職務のひとつ

　文科省通知の別表第二では、事務職員のみで行う仕事ではなく、ほかの職員と連携、分担しながら、事務職員としての専門性を発揮すべく、事務職員が積極的に参画する職務の例をあげており、そのひとつとして企画運営会議（以下、企画会議）への参画があります。

　企画会議の構成メンバーは、管理職のほかは主幹教諭や指導教諭といった職としての指定、そのほかに教務主任、学年主任、生徒指導主任のような主任が一般的でしょうか。ほかにも校務分掌におけるミドルリーダーをあて、管理部や総務部などといったような○○部の主任という立場の職員が入っているかもしれません。

　文科省通知にあるからといって、事務職員もかならずメンバーになっているかというと、それは学校ごとであるといわざるをえない状況でしょう。企画会議への参画を自治体で標準的職務として決められている場合は、それこそ採用1年目からメンバーになりますが、学校ごとに定めている場合は、校長の考えかたや事務職員の経験年数、事務職員自体の考えかたによってもさまざまになってしまいます。

 事務職員が参画する意味

　企画会議では、さまざまな企画提案が、職員全体に諮る前に協議されます。そのため、いま学校がどのように動いているのかをいち早く知ることができ、教員主体で考えられている企画に対し、質問や調整をすることもできます。

　特に、予算にかかる指摘は事務職員が行うべき部分です。企画が走り出してから「予算はどうする？」とならないためにも、この段階で検討に加わることができるのは重要なことです。採用されて間もない場合は、話の内容が理解できない部分もあるかもしれません。そのようなときは遠慮なく質問することも大切です。職員会議のような場では質問しにくくても、少人数の企画会議であれば発言もしやすいと思います。

 企画会議のありかたを考える

　よくある企画会議は、とかく目先の日程や行事の提案の確認で終わってしまうことも多く、時間がもったいないと感じています。提案に対し、足りない部分を指摘することも大切ですが、それよりも、いま自校で抱えている課題やその対応策を検討する場であるべきと考えています。

　先日、会議のなかである事項に対して若手教員へのフォローが必要ではないかとの話題がでたのですが、そのこと以外でも、若手教員の育成は重要な課題であったため、年間を通してどのような研修が必要かなどを話し合うことが重要であること、この会議はそのような課題をどのように改善していくのかを話し合う場であることを発言し、共有することができました。いまは企画会議のメンバーも年齢や経験年数が下がってきていますし、教員は目のまえの子どもたちのことで忙しくせざるをえないことも多いです。余裕をもって全体を俯瞰できる立場は事務職員の強みでもあります。企画会議で発言していくことは、学校にとって必要なことであると自信をもちましょう。

第1節 学校経営とのかかわり

03 分掌会議への参画

企画会議のほかにも、学校には多くの分掌会議があります。わたしがメンバーとなっているいくつかの会議を例にしてその価値を探ってみましょう。

🖎 教育相談にかかわる会議

　本校では「教育相談部会」と呼んでいますが、おもに不登校や教室内で配慮を要する子どもたちについての情報共有や対応を検討する会議で、時間割に組み込まれているため、週1回決まった時間に開かれています。メンバーは、管理職のほかは教務主任、各学年の教育相談担当、相談室の相談員、スクールカウンセラー、養護教諭とわたしです。事務職員からは就学援助や生活保護に該当する子どもや、就学援助事務から得た情報、不登校が続き給食を止めた事実などの情報を共有しています。また、相談室登校で来校した保護者や本人とやりとりがあったときは、そのときのようすなども報告しています。お互いが得た家庭環境の変化（たとえば離婚や別居、保護者の入院など）の情報が確実に共有できることはひじょうに有効です。

　また、対象の子どもたちを把握しておくことで、たとえば連絡がつきにくい家庭であれば、来校したタイミングで少しお待たせしても確実に担任へつなぐとか、相談室へ連絡するとか、電話連絡があったときにもすぐに必要な対応をとることができます。学校が自分の子どものことを知ってくれていると感じる対応は、保護者にとっても安心できるものではないでしょうか。

最近では他機関へどうつなぐかという話もよくでるようになりました。子どもの貧困の問題同様、学校がプラットフォームになり必要な機関と連携がとれることは大切なことでしょう。

 生徒指導にかかわる会議

　時間割内にある会議でもうひとつ、「生徒指導委員会」があります。

　こちらは、学校生活のなかでなんらかの指導が必要だった子どもの共有や、校内の生活に関するルールや職員の対応方法の共有、非行防止教室や薬物乱用防止教室の内容検討などを行っています。

　昨今、生徒指導提要が改訂され、校則の問題や生徒指導のありかたなどが注目されています。また、学校指定品に代表される制服などの見直しも増えてきています。本校も例にもれず、制服やそれに準じた校則の見直しをすすめています。この会議では、事務職員の視点というよりも、教員ではない視点による発言が多くなっています。わたしは中学生の保護者でもあるので、保護者目線から意見を出しています。一昔前の生徒指導とは違い、強い叱責や罰を与えることは NG です。だれがきいても納得できる理由をもっていねいな指導（この指導ということばも微妙ですが）を行うために、その軸となるものを会議で話し合っていく必要があります。教育相談同様、さまざまな立場のひとが会議に入ることで、偏った考えかたになることを防いでくれるでしょう。

 時間の捻出

　わたしは週に3つの会議にでていて、正直忙しいと感じることもあります。ですが、どの会議でもそれぞれの場面での学校の動きが把握できるし、その方向性に対して、正規のルートで意見をいえることは、価値のあることであり、会議にでるための仕事の調整は、必要なことと考えています。

04 予算委員会の運営

ほかの分掌会議とは異なり、
予算委員会は事務職員が運営する会議です。
自治体の学校財務規則で設置義務がある場合もあります。

予算委員会の設置

　自治体の規則で定められておらず、校内に予算委員会が置かれていない場合もあるかもしれません。予算委員会は学校運営費としての公費・私費予算について、その方向性や課題解決への提案など、事務職員だけではなく、ほかの職員といっしょに検討できる場です。学校の状況によっては、企画会議と兼ねるようなこともあるかもしれませんが、分掌会議のひとつとして設置することをおすすめします。

　会議のメンバーに決まりはありません。わたしの学校では、教務主任＋各学年の会計担当＋事務職員という構成ですが、教科主任が入ることもあるでしょう。規模が小さな学校で、職員が少ない場合は、職員会議をそのまま予算委員会にすることもあるでしょう。

　会議の頻度もそれぞれの実情にあわせていいと思います。年度当初や年度末以外は、月1回などと定期的に開くのか、検討する課題に対してその都度開くのか、やりやすい方法を探りましょう。メンバーになった職員には、どのようなことが話し合われるのかをあらかじめ共有しておくことで、会議をスムーズにすすめることができるでしょう。

 予算委員会の意義

　予算委員会は学校のお金に関することを、複数の職員で共有することで最適化を図るための委員会です。

　年度当初には、公費・私費の予算編成について事務職員が集約したものを検討しましょう。補助教材は、前年度末に検証した結果をもとに、その課題が改善されているかなどがポイントとなります。予算委員会で確認することにより、学校を運営する予算がどれくらいあるのか、保護者負担に頼っている現状、学校の重点課題に対する物品の整備予定などを共有することができ、お金に対する意識も高まることが期待されます。

　また、メンバーではない職員に対しても、委員会という組織で合意形成された提案は、理解しやすいと思われます。ほかにも、校内の財務規定や会計システムを大きく改正したり、更新したりするときにも、予算委員会で検討することで、より学校全体が使いやすいシステムにすることが可能となるでしょう。

 事務職員の成長

　予算委員会を運営するためには、日程の調整や議題の確認、必要な資料づくりなど、必要になることがいくつもあります。どちらかというと単独で行う仕事が多い事務職員には、不慣れなこともあるかもしれません。ですが、このような会議のために必要な準備をすることを通じて、多くのスキルを得ることができます。

　また、会議をどのように進行するかということも大切です。議題をどうなげかけるか、複数の意見がでたときのまとめかたなど、必要なスキルがたくさんあります。ぜひ、予算委員会の運営を、自分自身の成長のきっかけにしていきましょう。

05 事務職員の個室 ≠ 事務室

事務職員の執務場所＝事務室の有無は自治体や学校によっても違います。ここでは事務室がある場合を想定して、事務室のありかたを考えていきます。

事務職員の個室をどう捉えるか

　学校には、職員がおもに使用する部屋と教育活動に使用する部屋（スペース）があります。校長室・職員室・印刷室・保健室などと並び、事務室も前者に入ります。事務室の構成メンバーは都道府県費負担の事務職員ひとりだけのこともあれば、市町村費負担の事務職員や、栄養士、用務員の席があることもあるでしょう。

　その名前のとおり、事務職員の執務部屋であることには違いありませんが、書斎のような個室と捉えることは少し違います。

整理整頓を心がける

　この後に詳しくふれていきますが、事務室には机上で事務処理をする以外にもさまざまな機能があります。当然、席がある職員以外の出入りも多くなります。職員はもちろんのこと、子どもたちや保護者、ときには地域のかたが来ることもあるでしょう。事務室のメンバーがひとりであっても複数であっても、まずは常に整理整頓することを心がけましょう。

これは、事務室に限ったことではありませんが、特に机上の整理は絶対に不可欠です。以前、わたしが参加した研修会のなかで、講師がいっていた「その書類が１分ででてこなければ、それは片づいているとはいえない」という格言（？）は、まったくもってそのとおりです。職員室では、よく机上に山ほどの書類を重ねている状態を目にしますが、自分はそれでいい（どこになにがあるのか理解している）としても、いつ休みをとり、だれかに仕事を引き継いでもらうことになるかわかりません。

　仕事の書類は個人の私物ではなく、公文書です。それらはいつだれがみても、わかるようにしておくことが重要です。たとえば、保存用のファイルを引き出しにしまっている場合なら、引き出しのなかも同様です。なにより、整理整頓されていない机上はそれだけで乱雑な印象を与えてしまいます。

　机上だけでなく、書庫や整理棚などの整理も同様です。

✒ 過ごしやすい工夫は積極的に

　事務室は事務職員の個室ではないとはいいましたが、執務室には変わりなく、その環境を整備し、過ごしやすくする工夫は積極的にすすめましょう。年間を通しての空調や冬季の加湿、部屋の向きによって照度が足りなければ、照明を明るいものにかえるなどは必要不可欠です。

　また、おすすめの書籍を並べたり、観葉植物を置いたりすることで、職員との会話が広がることもあります。窓口に季節の飾り物をしたり、事務室からの情報発信として壁新聞を掲示したりすれば、子どもたちへのアプローチにもなるでしょう。

　最後に座席の配置です。ひとりではない場合、自由に動かせないこともありますが、電話の場所や机の向きなどを少し動かして動線を変えるだけで、必要なものが取りやすくなったり、動きやすくなったりすることもあります。つい異動したときのまま、ということもありがちですが、時間のある夏休み中などに、事務室の「模様替え」に着手してみてはいかがでしょうか。

第2節 事務室環境の整備

消耗品の管理方法

財務を担う立場として、消耗品の管理は手腕の見せ所。
ただ、扱うものが多すぎて管理が難しい部分でもあります。
だれにとってもわかりやすい管理を心がけましょう。

まずは在庫の管理

　日常的に使用する消耗品は、どこで管理していますか？　スペースの違いもありますが、事務室がある場合は、事務室に置いてある場合が多いのではないでしょうか。その際、可能であれば在庫は別の場所に保管しておくと、在庫を出した時点で注文ができるので、いつのまにか使い切っていた、ということを防ぐことができます。もちろん在庫を保管している場所からは、勝手に持ち出さないというルールも必要です。

整理の方法

　収納の極意と称するものは世の中にたくさんあるので、自分のやりやすい方法で行うのがいいでしょう。わたしが心がけていることは以下の4点です。
① 　アクションを少なく
② 　見やすい大きめな表示
③ 　グループ分け
④ 　ざっくり収納

①はその物を取るときの動作の数です。たとえば戸棚のなかにレターケースがあり、そのなかにあるシールを取りたい、となると1）戸棚の扉を開ける、2）レターケースの引き出しを開ける、3）シールを取る、4）引き出しを閉める、5）戸棚の扉を閉める、と5つもの動作が必要です。戸棚の扉を外すことで2つ動作が減らせます。

　収納されている場所には、大きめの文字で表示をします。また、書く・切る・貼るなど目的別にし、それぞれを近くに配置することで探しやすくなります。文房具店のように展示しながら並べる方法もありますが、使った後に残りを戻すような場合は、フタのないオープンなBOXにざっくり入れる方法にしておくと、戻すハードルが下がります。だれでもどこになにがあるかすぐわかるように消耗品を整理することは、全員の時間短縮につながります。また、在庫管理が容易にでき、まだあったのに買ってしまった……、などという無駄を省くこともできます。

ルールづくりも大切

　いつでも必要な消耗品があるという状態にしておくには、職員間で一定のルールが必要です。次に使うひとのことを考えて、最後のひとつを使ったらかならず事務職員に声をかけることや、残ったら元あった場所に戻すことなどは、だれもがあたりまえにできてほしいことですが、そうではないことはみなさんじゅうぶんに経験済ですよね？（笑）

　あたりまえだとしても、あえて職員全体に声かけしたり、掲示したりする工夫も必要かもしれません。また、事務室以外では、印刷室でも起こりがちです。片づいていないことを注意するのではなく、使ったままにした状態をリセットするところから始めるのでは、お互いの時間を奪うことになってしまうという視点から、声かけするといいやすいかもしれません。ルールと書きましたが、本来これらはひととしてのマナーです。教育現場にいる職員ができないのでは示しがつかないということをわかってもらいましょう。

第2節 事務室環境の整備

07 事務室カフェ

休憩時間が定められているとはいえ学校は、
民間企業のようにきっちり休憩をとることは難しい職場です。
一息つける場所のひとつが事務室というのもアリでしょう。

やっぱり整理整頓

　前にも書きましたが、ひとが集まるにはそれなりに片づいていることが大切です。床に納品された段ボールがいつまでも置いてあったり、棚のなかが乱雑になっていたりすると、落ち着かない雰囲気となり、事務室への足が遠のいてしまいます。部屋の広さや、執務場所として利用している人数にもよりますが、きちんと整理整頓されたうえで、来室があったときにちょっと座れるスペースがあるとベストです。

コミュニケーションの方法

　わたしは、職員が来室し、ちょっと長い話になったときには、お茶を出すこともあります。ていねいなもてなしというのではなく、自分の分を淹れながら相手の分をさっと出す程度です。また、出張などで暑いなか（または寒いなか）帰ってきた職員に玄関で声をかけ、「なんか飲む？」と冷たい（温かい）飲み物を出すこともよくあります。

　事務室内に給湯があるからできることですが、そうやってお互いちょっと

一息つける時間をつくることも、コミュニケーションのひとつとして有効なのではと思っています。

　飲み物でなくても、のど飴とか、チョコレートとか、ちょっとした甘いもので疲れがとれることもあります。勤務校では、電話の横にインスタントコーヒーの空き瓶があって、そこに飴を入れ「疲れたときにご自由にどうぞ」と置いてあります。中身が減ってくると、そっと補充しています。

　また、ハロウィンやクリスマスのシーズンは、「Trick or Treat！」とか「Merry Christmas！」と書いた手づくりの BOX に、個包装のお菓子を入れ、放課後の糖分補給の足しにしてもらっています。加えて季節にあわせて、入り口や事務室内にも飾りつけをしています。

　これらは義務ではないので、いつもするわけではないですし、全員にするわけでもありません。タイミングがあったときに、なんとなく気が向くままにやっていることですが、職場にそんなたのしみが少しくらいあってもいいかなと思ってやっています。

　そういえば、前に書いたウォーターサーバー導入の経緯は、水道水がそのままでは飲めないほどまずく、職員はみな家から持参したり、ペットボトルを何本も購入したりしていたことがきっかけでした。大変好評で、いまでもお礼をいわれます。わたしは契約しただけですけどね（笑）。

✒ 事務室をホッとする場所に

　先日、ある学習会のなかで、多くの実践を紹介してくださった事務職員のかたがいました。そのお話のなかで、異動が決まった教員から、「〇〇さんと話したくて——なにか用事をつくってでも行きたい事務室でした」といわれたというエピソードがありました。とてもやさしい雰囲気のかたで、飲み物やお菓子を出さなくても、そのひとがそこにいるだけで、事務室が憩いの場所になっているなんて素敵すぎますよね。わたしもそんな事務室をめざしたいです。

08 事務室相談室

事務室は多くの相談事が舞い込んでくる場所でもあります。
仕事のことはもちろんですが、プライベートなことでは
特にお金に関することの相談が絶えません。

とにかくお金に疎い⁉

　新採用の頃（ってもう30年も前ですが）教員が「銀行って何時までやってるの？」「ATMって通帳だけでお金下ろせる？」「この郵便いくらで出せる？」など、おとななのにそんなことも知らないのか……、と驚愕した思い出があります。当時は給与も現金支給だったため、それこそタンス貯金をしている、なんていう話もあり、金融機関が身近ではなかったのかもしれません。いまは時代も変わってきていますが、それでも同じような質問はいまだにありますね（笑）。今度は逆に、給与が振込になり、電子決済が普及して現金を持ち歩かなくなったので、金融機関が違う意味で遠い存在になっているのかもしれません。先日、20代の教員に「銀行の窓口でどうやってお金下ろせますか？」ときかれたときには、さすがに驚きました。

おとなの金融教育

　学校財務を担当する立場であり、給与・旅費の担当でもあるからか、事務職員はお金のことならなんでも知っている、と思われているひとも多いでし

ょう。年金や財形貯蓄、貸付は仕事の範疇ですし、公務員も iDeCo に加入できるようになったので、そこまでは事務処理を含めて対応できます。それ以外で多いのは「NISA（小額投資非課税制度）」や「ふるさと納税」、医療保険や生命保険をどうするか、住宅ローンの組みかたなんかの質問もよくあります。個人的にもその方面に興味があり、経験があるものも多いのであくまでも個人の意見として話しています。あまりにも話が長くなってくるときは「ここからは有料ね（笑）」ということもあります。

　家計のやりくりの話も多いです。もう10年以上家計簿を（といってもパソコン管理）つけているので、わたしなりのノウハウがあり、それをききたがる職員も多いです。

　お金＝事務職員というイメージは強いと思うので、案外こういうケースは少なくないのではないでしょうか。自分の「引き出し」を増やす意味で、独自に勉強してはいますが、これらのことは、あくまでもコミュニケーションのひとつとして行っています。

✒ 学校財務とのかかわり

　プライベートの話であっても、お金にかかわることについて、わからないのはしかたがない、だれかにきけばいい、という姿勢は、実は学校財務に向き合う姿勢にもつながっていると感じています。教員はともすると、二言目には「お金と法律に疎い」ことをしかたのないことなんだと自信をもって主張してきます。しかし、教員として成長すると同時に、社会人として成熟すべきです。生きていくために必要な知識を自分で得ていくことは、だれもがやっていかなければならないことです。世の中の多くのことは「知らなかった」では済まされません。

　日々のお金に関する雑談を通して、さりげなくそのことを促してはいますが、子どもたちへの金融教育の是非も問われているいま、おとなこそもっと自分で学んでほしいと思うのはわたしだけでしょうか。

09 職員とのかかわり

学校には教員のほか、さまざまな職種が働いています。
今日の政策により、その数はどんどん増えてきていますが、
事務職員としてどのようにかかわっていくべきでしょうか。

教員以外の職種

職員の構成として、日本では教員（職名としては教諭）が圧倒的多数です
が、最近では任用形態も異なる多くの職種も増えてきています。従来からあ
る用務員、自校で給食調理を行っている場合は調理員、相談業務を行うスク
ールカウンセラーや相談員、スクールサポートスタッフもここ数年でよくき
かれるようになりました。年度当初の養護教諭の業務緩和や、妊娠時の体育
代替の非常勤講師などもあります。障害者雇用もすすんできました。

気持ちよく働ける準備

給与負担者や雇用契約などにより、その任用はさまざまではありますが、
学校に配置されたのであれば、同僚であることには違いありません。

4月に赴任する場合は、常勤者の異動などと同時に手続きや準備を一斉に
行うのでリストアップしてすすめられますが、年度当初以外に配置される職
員は、さまざまな準備が漏れないように気を配る必要があります。たとえば、
名札や下駄箱、更衣ロッカーの準備、机椅子はどうするか、通勤方法の確認

などは、赴任前に準備が必要です。時期によっては校内の案内や、職員への紹介などもおろそかになりがちですが、少数職種のひとこそていねいに対応しましょう。

これらが事務職員の仕事というわけではありませんが、わたしたちは管理職とともに授業時間関係なく対応が可能です。気持ちのよいスタートを切ってもらうためにも、気がついたら声かけをしていきましょう。

✒ つなぐ役割

校務分掌で特段指定されていない事務職員の大きな役割として、「つなぐ」ということがあると思っています。仕事と仕事、ひととひとをつなぐことは、多くのことを円滑にすすめるうえでひじょうに重要です。すべての職員がこのことを意識して仕事ができればいいのですが、現実はそうではありません。それゆえに、学校全体を俯瞰できる立場である事務職員が気づくことも多いでしょう。

とはいえ、そんなに難しいことではありません。職員のかかわりでいえば、とにかく連絡を漏らさないことです。非常勤職員は、常時職員室にいないことも多いです。そのため、たとえば時程の変更や学級閉鎖など、急に予定が変更になったなどという情報が、とかく漏れがちです。自分が直接伝えに行かなくても、担当の職員に全員に周知できているのか、という確認をするだけで効果があります。もっといえば、事務職員がその情報網から漏れてしまうことだってあるでしょう。

つなぐためには、自分からつながっておくことも重要です。特に情報という点では、事務職員にかならず情報が入ってくるルートができていると安心です。そのうえで、学校内でなにか気になる動きがあったときは、だれかが伝えてくれるのを待つのではなく、自分から情報収集していきましょう。「知らなかった」「きいてなかった」からできなかった、ということはないようにしたいものです。

第3節 人間関係づくり

10 職員の育成

採用され着任したら、一人前の社会人？
——そうかんたんにいけば苦労はありません。事務職員だから
できる職員の育成、いっしょに考えていきましょう。

◆ 広がる年齢・経験格差

　いま、多くの自治体で教員不足が問題になっています。産休・育休や病休を取得する職員がでても、すぐに代員がみつからないことが増えてきました。そのようななか、各校の職員構成をみると平均年齢が著しく下がってきている、また、再任用制度や定年延長も相まって、年齢・経験格差が広がってきていることも課題であるといえます。本来であれば、ベテランと若手の間の中堅といわれる層が、いわゆるメンターとして若手の育成を担当するはずが、人不足により若手が若手の面倒をみる、というケースも増えてきています。

◆ 事務職員が実施する研修

　新採用の場合、年間を通して任用側が行う悉皆研修がありますが、その中身をみると、特に事務職員が扱う学校財務や就学支援についての研修が不足しているケースが見受けられます。また、これらのことは新採用に限ったことではありません。そのような課題を補うために、ぜひ校内で事務職員からの研修時間をつくりましょう。まずは新採用を対象に、対象を広げて若手

（1～5年目）を対象にしてもよいと思います。最終的には校内研修などを利用して、必要な知識と理論を伝えていきましょう。

教員の前に社会人としての成長

　仕事のすすめかたや理論の研修とは別に、そもそも若手には社会人として成長してもらう必要があります。「最近の若者は〜」なんていうわけではないですが、特に新卒でそのまま採用された場合、社会経験がゼロであるため、あたりまえの常識やマナーが身についていないことは正直よくあることです。同じ職場で働く同僚として、気がついたこと、気になることは伝えていく必要があります。接遇といわれる来客や電話の対応、ことばづかいなどもそうですが、封筒の宛名の書きかたすらも知らないひとが増えてきました。

　わたしは新採用者には採用前に必要書類を送付し、返信用封筒をつけて郵送してもらうのですが、ここ数年ほとんどが、事務室「行」としているのを直さず、封筒の裏に自分の名前と住所も書かず送ってきます。細かいことですが、教えないとわからないことはこのほかにもたくさんあります。

仕事には相手がある

　事務職員には、なにかを提出してもらう仕事が多くあります。当然締め切りも提示しますが、なぜ締め切りをつくるかというと、だれかひとり提出されないだけで、その後に続く仕事を終わらせることができないからです。

　わたしは日ごろから、仕事には優先順位があり、相手がある仕事から行うというのは鉄則であるということを伝えています。教員の仕事は突発的なことが起こる仕事ですから、先延ばしにせず、できることはすぐにとりかかるということも同様です。締め切りを過ぎた教員に対しては、ときには受けつけられない、と断ることも必要だと思っています。他人に迷惑をかけてはいけないって子どもでも知っていることです。

第3節 人間関係づくり

11 保護者や地域住民とのかかわり

学校には子どもの数以上に保護者がいます。
また、公立学校は地域住民とのかかわりも強いです。
事務職員としてどのようにかかわれるか考えましょう。

✒ 保護者対応から学ぶ

　電話や来客対応とも重なることですが、事務室では電話対応や窓口対応で、最初に保護者とお話しするというケースも多いのではないでしょうか。行事や下校時刻の問い合わせから忘れ物などの届け物、具合が悪いわが子のお迎えなどさまざまです。最近はアプリやメールシステムを利用した欠席連絡を導入している学校も増えているので、そのような連絡は減っているかもしれません。多くの対応はその場限りで終わるものですが、待たせない、正しい情報を伝える、伝言は確実に担当へ、が鉄則です。

　保護者でそれ以外の対応というと、ひとつはいわゆる「クレーム」と呼ばれるものの対応でしょうか。「モンスターペアレント」ということばがありますが、学校への意見＝クレームではありませんし、保護者はモンスターではありません。学校が対応に困る保護者は、困っている保護者と捉え、まずは相手の話をすべてうかがい、話のなかから保護者の一番伝えたいことはなんなのかを整理しましょう。もちろん管理職にすぐにつなげられればいいですが、対応できる職員が自分しかいないということもありえるため、「傾聴」のスキルをあげるチャンスと捉えると、苦手意識も薄まります。

PTA とのかかわり

　ふたつ目は、やはり PTA とのかかわりでしょうか。職員も「T」として会員であるし、事務職員は会計などの役員となっていることがあるかもしれません。その場合は PTA のさまざまな決定にかかわったり、会議に出席したりと役員としての仕事もあるでしょう。たとえそのような役を担っていなくても、特に財務面でのかかわりのなかで、財務担当者として自校の PTA 組織の会費のありかたについて相談にのることもあるでしょう。もしも学校が PTA のお金をあてにし、また PTA がその要望にこたえるという図式があるのであれば、事務職員はそれを是正する立場にもあります。そのようなやりとりから事務職員の仕事を少しでも知っていただけたらうれしいですね。

学校運営協議会

　地域住民とのかかわりにおいては、その土地により共同で行う行事があったり、子どもたちの祖父母が卒業生であったりなど、地域との結びつきの差によりかかわりかたも違ってきます。そのなかで、昨今導入がすすんでいるコミュニティ・スクールでは、学校運営協議会が設置され、地域住民にその委員になっていただくため、かかわりが生まれやすいです。わたしも学校側のメンバーですが、会議に出席することで地域の考えや、お話をきけることは大変重要です。また、事務職員として予算案の承認や財務面の課題などを議題にのせることで、課題に対し意見やアドバイスをいただけることもあります。委員は、民生委員や町会長なども多く、地域のなかで多くのネットワークをもっています。外部機関との連携は学校の大きな課題のひとつですが、上手に連携できるノウハウももっているひとが多いので、事務職員としても社会人としても、学べることが多くあります。これらの関係を管理職だけのものとせず、事務職員も積極的にかかわりましょう。

12 子どもとのかかわり

学校で働く醍醐味はなんといっても子どもたちです。
そのかかわりかたは直接、間接いろいろありますが、
あの爆発的なエネルギーに元気をもらう日々です。

✎ かかわりの方法はいろいろ

　子どもアンケートという取組を知っていますか？　「子どもたちの声をきいて備品を購入した」「危険箇所を報告してもらって修繕した」。これらは学校財務の仕事を軸とした、大切な子どもとのかかわりです。アンケートとまでいかなくても、もっといえば、教育にかかわることすべてが子どもとのかかわりであるといえます。でも、ここでいいたいのはもっと直接的な、子どもたちに話しかけ、話しかけられる日々のことです。

　わたしの学校には事務室があり、ほとんどの消耗品は事務室で管理しています。子どもたちが授業や行事で必要なものを取りにくることも多いです。入学してまもなく1年生が校内巡りに来ます。そのときは、学年の職員にお願いしておき、事務室の前に来たらあいさつをさせてもらっています。「事務室の柳澤です。ここでは、教育環境整備といってみなさんの学校生活に必要なものをそろえたり、教科書の準備をしたりしています。また、学割の発行もしています。事務室に来たときは、みんなの名前を覚えたいので学年・クラス・名前とどんな用事で来たかを教えてくださいね」とこんな感じです。

　廊下ですれ違うときはあいさつはもちろん、ちょっと声をかけることも多

いです。廊下でたのしそうにしているときは、その話題に入ったりもします。職員とのやりとりや、ちょっとしたミスで心が沈んでいるときも、廊下で歌いながら歩いている子どもたちの姿や声に元気をもらえるのは、学校ならではでしょう。

行事への参加

働き方改革の流れから、見直しが求められている学校行事です。わたしも多くの意見をもっていますが、行事に取り組む子どもたちをみるのはとてもたのしいです。日常の子どもたちとはまた違う、子ども特有の懸命さや温かさ、明るさに、学校っていいなと思うことも多いです。

財務担当として行事を支える仕事を大切にするのも、子どもたちのがんばりがあるからといっても過言ではありません。そんな学校行事、事務職員は留守番でいることも多いようですが、可能な限り顔を出し、いつもと違う子どもたちをぜひみてほしいです。教員のようにいっしょに動けなくても気にすることはありません。わたしたちの仕事の価値は別のところにあります。また、ただたのしむだけでなく、教員とは違った目線で、行事全体を俯瞰し振り返りにつなげることも忘れずにしてください。

大好きな子どもたち

新任の頃は、子どもたちと年齢が近いということもあって、それこそ友だちの延長に思える側面もあったように思います。中規模の中学校で1学年6クラスほどありましたが、顔と名前が一致しない子はほぼいませんでした。いまは、そのようなかかわりかたから変化し、見守っているというほうが近いかもしれません。変わっていないのは子どもたちが好きという気持ちです。どんなに仕事への思いが揺らいでも、この原点へ帰ってこられることが、強みになっていると感じています。

13 ノンティーチングの視点

教員以外の教授活動をしない職員を
「ノンティーチングスタッフ」と表すことがあります。
授業をしないからこそのかかわり、あると思いませんか？

✒ 「先生」ではない学校にいるおとな

　授業はしなくても、事務職員も子どもたちからは「先生」をつけて呼ばれることがあるかもしれません。ですが、わたしは自分を「先生」だとは思っていないし、「先生」ではない存在が必要なこともあると思っています。

　教員は授業をすることと評価を切り離すことができません。そのため、子どもたちとの間にある種の上下関係が生まれることは否めません。自分を評価しない、自分が評価されないというおとながいることは、ときに事務職員が教室以外の居場所となり、社会でのおとなを知る機会にもなるでしょう。

　教員は、多くの子どもたちにとって最初に出会う一番身近な職業人ですが、それ以外の働くおとなたちの存在を知ることで、学校が多様な職種で成り立っているということを知ることもできます。これは事務職員以外の、相談員や用務員なども同様でしょう。

✒ 生徒指導の思い出

　もう10年以上も前の話ですが、ある事務職員が「わたしは生徒指導はしま

せん。教員ではないですから」といっていたことがありました。そもそも生徒指導とはなにか、ということ以前に、それは事務職員の立場で子どもを注意しない、という意味での発言でした。

　なんでも過去に注意してトラブルに発展したことがあるからとのことでした。そのトラブルがどういったものだったのかは思い出せませんが、やはり学校で働くおとなとして、子どもが目のまえでしてはいけないことをしたときに、声をかけることは普通のことだと考えています。

　わたしは自分が見聞きした子どもたちの行動は、プラスでもマイナスでも直接声をかけます。そして、その後には担任や学年の職員にかならず伝えます。教員以外のひとの前でみせる子どもの姿を共有することは、大切なことだと考えているからです。

✒ 清掃指導の思い出

　前任校までは清掃監督もしていました。清掃は学級担任がいないところでみせる子どもたちのようすから、そのクラスの雰囲気を垣間みることができておもしろいのです。しかし、ほうきや雑巾の割り振り、どのような手順で清掃させるかなど、軌道にのせるまでがなかなか苦労しました。

　雑な拭きかたは注意し、遅れてきた子に理由をきき、ていねいな作業は褒め、合間に世間話をし……という毎日でした。離任式で代表の子どもが「（わたしの清掃場所が）一番厳しかったけれど、その厳しさが好きでした」とメッセージを読んでくれたことをいまでも覚えています。

　学校は子どもたちの育ちを見守る場です。そこに授業をするひととしないひとという分業が存在しているだけです。前にも書きましたが、全員が子どものために働く縁の下の力持ちとなるべきです。ティーチングスタッフが上で、ノンティーチングスタッフは下ではありません。

　せっかく学校で働いているのですから、そんなことを意識して、子どもたちがいるからこそできる仕事やかかわりを探していきましょう。

おわりに

「仕事術を本にする」——正直、自分のやっていることを書けばいいんでしょ——と軽く捉えていました。

共著者の靖明が立てたプロットにそって、割り当てられた部分を書いていったのですが、その方向性が難しい。「仕事術＝自分の働きかた」であるわけですが、それが正解というわけでもないし、書き終わったいまでも、もっとこう書いたほうがよかったんじゃないか、あれも書けばよかったか、とつい考えてしまいます。

わたしの仕事に対するテーマは、「子どもの貧困問題に対して事務職員ができることはなにか」であり、それを年度初めに所属の職員とも共有しています。そのことにかかわる仕事、たとえば学校財務や就学支援の仕事は時間がかかってもより深い実践をする必要があると思っているし、そのために時間短縮できることはとことんします。もっといえば「やらなくていいことはやらない」というスタイルです。すべての仕事に全力で向き合う必要なんてないし、緩急をつけて勤務時間内に終わらせるべき、というのが自分のルールであり、ある意味その考えかたも仕事術だと考えています。

経験年数も増えてきて、気がつけば中堅からベテランと呼ばれるポジションになりつつあります。職場内でも意見を求められることが多く、職員に「そうじゃないよ」といわなければならない場面も増えました。ですから、この本でもそういう立場からの書きかたになっている部分もあるかもしれません。ただ、そういったスタイルは、本来経験年数に関係なくもつべきことだと思っています。

書いていて改めて感じたのは、どの仕事も単独ではないということです。わたしたちの仕事は「点」ではなく、すべての仕事はなんらかの「線」でつながって、ひとつの仕事への向き合いかたがほかの仕事にも影響します。

学校は多くのひととのかかわりで成り立っています。経験年数が増えていくなかで、自分の働きかたに迷いが生じたこともたくさんあります。「わた

したちはだれのために働いているのか、そこを忘れないで」とは、いつかの先輩の言葉ですが、仕事の軸となるべきもののキーワードは、「子どもの権利保障」ではないでしょうか。

　学校は子どものためなら手間暇惜しまない側面をもちながらも、その権利については意外とファジーに捉えていて、だれもが真剣に向き合えているかというと、そうは断言できない部分があることは否めません。ですが、子どもを見守るおとなたち、特に学校で働くおとなたちは、もっと「子どもの権利」とはなんなのかを学び、それを守っていく必要があると感じています。

　子どもの権利を守るためになにができるのかという視点で振り返ったときに、事務職員の仕事もまた、できること、取り組むべきことが変わっていくのではないでしょうか。それには、そこに気づく出会いもまた必要不可欠です。

　本書の「仕事術」ではふれられませんでしたが、職の存在意義や働きかた、子どもの権利を学ぶことの大切さを教えてくれたのは、採用当時からの先輩や事務職員仲間たちでした。それこそたくさんの仕事術をみせていただきましたが、実践だけを切り取って真似ればいいのではなく、その働きかたの土台にある「子どものための学校事務」という働きかたに出会わせていただいたことは、事務職員としての働きかたの方向性を大きく変えてくれました。

　事務職員はときに孤独です。これはひとり職という特性上、致しかたないことですが、この本のなかで何度も書いたように、教員と違う立場だからこそみえることがあり、できることがあります。違うということは大きな強みであることを、事務職員のみなさんはもっと知ってほしいと思っています。そして、事務職員である自分を支えてくれるのは、ほかのだれでもない、自分が取り組んできた多くの仕事（実践）の積み重ねだということも——。

　わたしの仕事における座右の銘は「足りないを知る」です。いま現在も、自分の仕事のしかたや知識理解、見識がじゅうぶんであるとはまったく思っていません。足りていない自分を知るたびに、学び続けることの大切さを感じています。この本が、あなたの学びに少しでもつながれば幸いです。

柳澤清香

資料

「事務職員の標準的な職務の明確化に係る学校管理規則参考例等の送付について」（通知）より

別表第一（第二条関係）事務職員の標準的な職務の内容及びその例

	区分	職務の内容	職務の内容の例
1	総務	就学支援に関すること	就学援助・就学奨励に関する事務
		学籍に関すること	児童・生徒の転入等学籍に関する事務 諸証明発行に関する事務
		教科書に関すること	教科書給与に関する事務
		調査及び統計に関すること	各種調査・統計に関する事務
		文書管理に関すること	文書の収受・保存・廃棄事務 校内諸規定の制定・改廃に関する事務
		教職員の任免,福利厚生に関すること	給与，諸手当の認定，旅費に関する事務 任免・服務に関する事務 福利厚生・公務災害に関する事務
2	財務	予算・経理に関すること	予算委員会の運営 予算の編成・執行に関する事務 契約・決算に関する事務 学校徴収金に関する事務 補助金・委託料に関する事務 監査・検査に関する事務
3	管財	施設・設備及び教具に関すること	施設・設備及び教具（ICT に関するものを含む。以下同じ。）の整備及び維持・管理に関する事務 教材，教具及び備品の整備計画の策定
4	事務全般	事務全般に関すること	事務全般に係る提案，助言（教職員等への事務研修の企画・提案等） 学校事務の統括，企画及び運営 共同学校事務室の運営，事務職員の人材育成に関すること

別表第二（第三条関係）他の教職員との適切な業務の連携・分担の下，その専門性を生かして，事務職員が積極的に参画する職務の内容及びその例

区分	職務の内容	職務の内容の例
校務運営	学校の組織運営に関すること	企画運営会議への参画 各種会議・委員会への参画・運営 学校経営方針の策定への参画 業務改善の推進
	教育活動に関すること	カリキュラム・マネジメントの推進に必要な人的・物的資源等の調整・調達等（ICT を活用した教育活動に資するものを含む) 教育活動における ICT の活用支援 学校行事等の準備・運営への参画
	学校評価に関すること	自己評価・学校関係者評価等の企画・集計・結果分析等
	保護者，地域住民，関係機関等との連携及び協力の推進に関すること	学校と地域の連携・協働の推進（学校運営協議会の運営，地域学校協働本部等との連絡調整等) 学校施設の地域開放に関する事務 保護者，専門スタッフ，関係機関等との連絡調整
	危機管理に関すること	コンプライアンスの推進 学校安全計画や学校防災計画等の各種計画等の策定 危険等発生時対処要領（危機管理マニュアル）の作成・改訂 安全点検の実施
	情報管理に関すること	情報公開，情報の活用 広報の実施 個人情報保護に関する事務等

○新しい時代の教育に向けた持続可能な学校指導・運営体制の構築のための学校における働き方改革に関する総合的な方策について（答申）（平成31年1月25日）

第4章　学校及び教師が担う業務の明確化・適正化
　2．業務の役割分担・適正化を着実に実行するための仕組みの構築
　　（1）文部科学省が取り組むべき方策
　　　学校・教師が担うべき業務の範囲について，学校現場や地域，保護者等の間における共有のため，<u>学校管理規則のモデル（学校や教師・事務職員等の標準職務の明確化）を周知</u>。

第5章　学校の組織運営体制の在り方
　2．目指すべき学校の組織運営体制の在り方
　　○　また，若手教師の支援の観点からも，主幹教諭や指導教諭の役割は重要であり，文部科学省は，主幹教諭や指導教諭が校内研修において若手教師の指導力向上に向けて中心的な役割を果たしている例を収集・周知するとともに，<u>主幹教諭の標準的な職務として，若手教師の能力向上に関する内容が含まれうることを示していくことが必要</u>である。

　　○　文部科学省は，事務職員が校務運営に参画することで，副校長・教頭を含め教師の業務負担が軽減された好事例・成果を収集・横展開するとともに，<u>標準的な職務内容を具体的に明示していく必要</u>がある。

【別紙2】これまで学校・教師が担ってきた代表的な業務の在り方に関する考え方について

　【基本的には学校以外が担うべき業務】
　④　地域ボランティアとの連絡調整
　　○　なお，地域ボランティアの活動に関する学校側の地域学校協働活動推進員等との連絡調整窓口としては，主幹教諭や事務職員等が地域連携担当として，その役割を積極的に担うことが考えられる。この推進のため，<u>地域連携担当教職員について，文部科学省は，標準職務の例を示し</u>，教育委員会は，校務分掌上への位置付けを進めるべきである。

＜文部科学省に求める取組＞
イ　<u>地域連携担当教職員に係る標準職務例の提示及び学校管理規則における規定参考例の提示</u>

【著者紹介】

栁澤　靖明（やなぎさわ　やすあき）

埼玉県川口市立青木中学校・事務主幹。「事務職員の仕事を事務室の外へ開き、教育社会問題の解決に教育事務領域から寄与する」をモットーに、教職員・保護者・子ども・地域、そして現代社会へ情報を発信。日本教育事務学会理事、学校事務法令研究会会長、川口市教育研究会事務局長などをつとめる。おもな著書に『教師の自腹』『隠れ教育費』（共著）、『学校徴収金は絶対に減らせます。』などがある。

栁澤　清香（やなぎさわ　さやか）

埼玉県川口市立八幡木中学校・事務主幹。「子どもの貧困問題に対して事務職員ができることはなにか」を軸に、「子どものための学校事務」として就学支援の実践を中心に取り組んでいる。川口市立八幡木中学校学校運営協議会委員などをつとめる。おもな著書に『学校財務改革をめざした実践事例』『―小・中学校― Q&A 学校事務実務必携』『就学支援がよくわかる本』（分担執筆）などがある。

学校事務職員の実務マニュアル
ヤナギサワの仕事術

2025年3月初版第1刷刊　©著　者　栁　　澤　　靖　　明
　　　　　　　　　　　　　　　栁　　澤　　清　　香
　　　　　　　　　　　発行者　藤　　原　　光　　政
　　　　　　　　　　　発行所　明治図書出版株式会社
　　　　　　　　　　　　　　　http://www.meijitosho.co.jp
　　　　　　（企画）茅野　現（校正）阿部令佳・丹治梨奈
　　　　　　　　　　〒114-0023　　東京都北区滝野川7-46-1
　　　　　　　　　　振替00160-5-151318　電話03(5907)6702
　　　　　　　　　　　　　ご注文窓口　電話03(5907)6668
＊検印省略　　　　　　組版所　広　研　印　刷　株　式　会　社

本書の無断コピーは，著作権・出版権にふれます。ご注意ください。

Printed in Japan　　　　　　　ISBN978-4-18-675010-2
もれなくクーポンがもらえる！読者アンケートはこちらから